KB260543

_________________님께 드립니다.

　　　　　　　　　　　　　년　　월　　일

　　　　　　　　　_____________드림

이 책에서 얻고자 하는 바

____

____

책읽기 1회

시작일　　　　년　　　　월　　　　일

종료일　　　　년　　　　월　　　　일

책읽기 2회

시작일　　　　년　　　　월　　　　일

종료일　　　　년　　　　월　　　　일

비전에 생명력을 불어넣어라

작지만 강한 나를 만드는 비전성공학

비전에 생명력을 불어넣어라

작지만 강한 나를 만드는 비전성공학

정철상 지음

중앙경제평론사

스스로 변화하지 않으면 아무것도 변하지 않는다. 이 책을 읽는 순간 자신의 미래가 보인다. 막연한 꿈이 구체적 청사진으로 바뀌는 장면을 체험할 것이다. 성공적인 자기경영을 꿈꾸는 셀프리더들에게 크나큰 비전을 심어주리라 믿는다.

– 삼성경제연구소 PPS자기경영포럼, 대표 김세우

책의 저자를 책이라는 만남으로 안다는 것도 큰 행운이 아닐까 싶다. 정철상 대표가 강의하거나 사람을 대할 때를 보면, 그 애정과 정성이 어느 정도인지 쉽게 알 수 있기 때문이다. 이 책에 담긴 여러 글들이 낯설지 않은 것은, 평소 그가 보여준 행동과 말들이 다르지 않았음을 말해주는 것이라고 생각한다. 이 책 역시 독자 한 사람 한 사람에게 애정어린 마음을 글로 전달하고 있고, 독자들 역시 그 마음을 느끼며 자신의 '삶' 에 대해 더 긍정적인 마음으로 대할 수 있지 않을까.

– 크레벤, 백기락 회장

바다에는 항해하는 배도 있고 표류하는 배도 있다. 누구나 성공하고 싶지만 변화 앞에서 표류하는 경우가 많다. 변화시대의 성공인은 어떻게 방향을 설정하고 스스로 항해하는지 그 비결을 알고 싶은 분들에게 꼭 필요한 책이다.

– 사단법인 한국강사협회, 안병재 회장

이 책은 성공의 열매를 논하기 이전에 비전 설정으로부터 시작해 자신 안에 내재된 성공동력기를 가동시키는 방법을 상세히 제시해주고 있다. 이 책을 통해 비즈니스나 인생에서 성공하기 위해 반드시 거쳐야 할 과정에 대한 소중한 해답을 스스로 찾아낼 수 있을 것이다.

– 성공전략연구소, 이내화 소장

놀라운 비전을 세우고 그것을 성취한 사람들의 생생하고 흥미로운 사례들을 통해 독자들을 비저너리의 멋진 삶으로 강력하게 유혹하고 안내하는 비전 인생의 입문서!

— 로앤비 대표, 이해완 변호사

우리는 생각에 따라 가치가 달라진다. 가치가 달라지면 비전이 달라지고, 비전이 달라지면 행동이 달라지며, 행동이 달라지면 인생이 달라지게 마련이다. 그러므로 생명력 있는 비전을 갖는다는 것은 성공을 꿈꾸는 자들에게 감미로운 샘물이 될 것이다.

— 카피라이터, 최병광

자기계발이 자격증이나 따고 영어공부나 하는 것으로 잘못 알려진 이 사회 젊은이들에게 자기계발의 올바른 방향을 제시하는 책이다. 성공적인 경력개발을 위해서는 분명한 방향이 있어야 하고, 그것이 비전이란 형태로 구체화되어야 한다는 데 공감한다. 이 책의 좋은 점은 이러한 중요한 과제들을 던져주기만 하는 것이 아니고, 함께 풀어가도록 요구한다는 점이다. 그래서 책을 따라가다 보면 무언가 가치 있는 것을 얻게 되리라 확신한다.

— 스타코칭 대표, 하영목 박사

설계도 없이 집을 지을 수 없는 것처럼, 비전 없이 성공하는 삶을 이룰 수 없다. 비전이란 소프트웨어 프로그램이 내 안에 설치될 때 비로소 꿈을 이루는 데 필요한 모든 정보를 검색하는 능력이 작동하기 때문이다. 사랑하는 내 아이에게 먼저 선물하고 싶은 책이다.

— 유니코써어치 대표, 한상신 회장

감사의 말

　이 책은 강헌구 교수님과 앤서니 라빈스 등 뛰어난 분들의 영감(靈感)과 지혜와 가르침에 절대적으로 의존하였다. 이외에도 수많은 선인들의 가르침을 바탕으로 글이 쓰여졌다. 처음에는 필자의 생각만으로 이야기를 채울까 하다가 아직은 나의 피상적인 지식만으로 이야기를 펼치기에는 부족한 부분이 많다고 느꼈다. 그래서 지혜로운 선인들을 모셔와 그들의 이야기를 집약해서 다양한 에피소드를 펼치는 방식으로 구성하게 되었다.

　숨어 있는 나를 발굴해 집필을 요청해준 시인이자 번역가인 지창영님에게 가장 먼저 감사드린다. 부족한 나의 원고를 보고도 많은 지원과 응원을 아끼지 않으신 중앙경제평론사의 김용주 대표님과 박기현 기획팀장에게도 감사드린다. 나보다 더 뛰어난 필력으로 원고를 손봐준 파워잡의 조창선 홍보팀장에게도 감사드린다. 사진작가에 버금가는 실력으로 프로필 사진을 촬영해준 박광섭님에게도 감사드린다. 책 편집을 맡아주신 이은실 실장에게도 감사드린다. 다소 딱딱해 보일 수 있는 책 내용을 부드럽게 만들기 위해서 삽화를 아름답게 그려준 동화작가 김성영님에게도 감사드린다. 그 외에도 책 완성을 위해 도와주신 수많은 분들에게 진심으로 감사드린다.

　무엇보다 나의 어리석음을 깨우쳐주고, 나에게 직간접적으로 가르침을 준 공병호 박사님, 공선표 박사님, 김규환 명장, 도올 김용옥 선생님, 벤저

민 프랭클린, 유철수 원장님, 이내화 소장님, 피터 드러커, 하영목 박사님 등 이루 헤아릴 수 없는 수많은 스승께 감사를 드린다. 또한 나의 어리석은 행동으로 누를 끼친 모든 분들께 이 자리를 빌려 진심으로 사과드린다.

부덕한 나를 믿고 든든하게 후원해준 나의 사랑스런 아내에게도 감사드린다. 우연찮게 첫째 준영이도 책을 발간할 즈음에 잉태했는데, 둘째 유진이 역시 두 번째 책이 출간될 즈음에 아름다운 모습을 드러냈다. 무척이나 애타게 공주님을 기다렸는데, 그러고 보니 아주 좋은 징조인가 보다. 만일 이렇게 책을 발간할 때마다 아이를 낳으려면 아내가 고생깨나 해야 할 듯하다.

마지막으로 나 자신에 대한 끝없는 신뢰와 무한한 믿음을 주신, 사랑하는 내 어머님과 아버님께 이 책을 바친다.

지은이 정철상

Contents

part 7. 생명력 있는 단 한 줄의 비전

4부 알라딘의 요술램프

part 8. 비전을 완성하는 5가지 황금열쇠

　'성공이란 무엇인가?', '행복이란 무엇인가?', '자기계발이란 무엇인가?', '어떻게 나를 계발해야만 성공할 수 있는 것일까?', '자기계발을 하면 성공할 수 있는 것일까?', '성공한 사람들은 왜 성공한 것일까?', '나의 평범함을 비범함으로 바꿀 수 있는 방법은 없을까?', '수많은 성공과 자기계발 서적이 넘쳐나지만, 왜 나에게 쉽게 적용되지 않는 것일까?', '모든 사람들에게 보편적으로 통용되는 어떤 성공 법칙이나 진리는 없는 것일까?' 이러한 의문이 인재개발 전문가로서의 고민이자 또한 내가 풀어야 할 과제였다.

　한 대기업으로부터 자기계발에 대한 연구를 의뢰받아 설문조사를 진행했다. 그 결과 자기계발의 필요성을 느끼고 있다고 응답한 직장인이 98%에 이를 정도로 우리 주변에는 자기계발 의욕에 불타는 사람들이 넘쳐난다. 그러나 정작 자기계발에 투자하면서 충실한 사람은 10%도 채 되지 않는 아주 적은 숫자로 드러났다.

　그만큼 우리 주위에서도 자기계발 의욕에 불타는 사람들을 찾기는 어렵지 않다. 하지만 정작 자기계발에 성공한 사람들을 찾기는 쉽지 않다. 게다가 자신이 원하는 것을 성취한 사람들을 주변에서 찾기는 더더욱 쉽지 않다.

　자기계발에 대한 개인들의 관심에 부응하듯, 성공한 이들의 공통점을 연구하고 그들의 성공전략을 이야기하는 사람 역시 많아지고 있다. 어떤 사람은 '맹목적인 성실성'을, 어떤 사람은 '뜨거운 열정'을, 어떤 사람은 '긍정적인 마인드'를 말한다. 어떤 사람은 '적극적인 도전정신'을, 어떤 사람은 '올바른 태도'를, 어떤 사람은 '탁월한 실천력'을 내세운다. 또한 어떤 이들은 자신만의 복합된 몇 가지 요소를 성공하기 위한 가장 중요한 요소라고 주장한다.

이와 같이 많은 전문가들이 각기 다른 자신만의 복합적인 성공요인을 내세우고 있다. 그렇지만 정말 중요한 요인은 무엇일까? 과연 성공한 사람이 일반인과 가장 다른 차이점은 무엇일까? 도대체 어떤 차이점이 보통 사람과 전혀 다른 결과를 만들어내는 것일까? 누구에게나 적용될 만한 실제적인 전략은 없는 것일까?

수년간의 고민과 시행착오 끝에 하나의 원인을 찾아냈다. "유레카! 유레카!(Heurka, '알았다, 방법을 찾아냈다'라는 그리스 말, 아르키메데스의 외침으로 유명해진 말)."

그것은 '자가발전 동력기'였다. '성공하는 사람에게는 자가발전 동력기가 있다는 것'이다. **'인간은 누구에게나 스스로 문제를 해결하고 성공으로 향하는 힘'**이 있다는 것이다. 우리가 실패로 쓰러지고 좌절하더라도 다시 일어서게 만드는 '성공동력기'가 자기 안에 내재되어 있다는 것이다. 우리가 원하는 바를 얻고자 할 때마다 이 '동력기'를 자

동적으로 가동하여 원하는 바를 얻을 수 있다는 것이다.

다만 보통 사람은 자기 안의 그 '동력기'를 그 동안 사용하지 않다 보니 녹슬어서 성능을 제대로 발휘하지 못하고 있다는 것이다. 결국 동력기를 돌리는 방법만 제대로 알려주면 누구에게나 적용될 수 있을 것이라 생각되었다.

나만의 이론이라 생각되어 한참 동안 흥분되었다. '이 내용으로 책을 쓰리라'고 마음먹었다. 하지만 '과연 이 사실만으로 보통 사람들과 성공한 사람들의 차이를 설명할 수 있을까? 이 동력기만 원활히 돌린다고 해서 원하는 성취를 일궈낼 수 있을까?' 라는 생각이 들었다.

오랜 숙고 끝에 내가 내린 결론은 조금 달랐다. 성공동력기 이론은 아주 훌륭한 전략이기는 하다. 그러나 실행에 있어서 보다 근원적인 문제해결 지침이 되고 누구에게나 쉽게 적용할 수 있고 효과를 보기에는 실행 면에서 다소 부족하다는 결론에 이르렀다.

물론 동력기를 돌리는 근본적인 에너지를 파악하고 거기에 집중하면 된다. 하지만 필요한 에너지가 전달되기까지는 많은 시간이 소요되기 때문이다.

사람들이 원하는 만큼 조금 더 빨리 적용할 수 있는 좀 더 실제적인 방법을 찾아내고 싶었다. 즉각적으로 적용이 가능하고 효과가 빠른 수단을 찾아내고 싶었다. 누구에게나 쉽게 통용되는 전략은 없을까. 다시 오랜 고민에 고민을 거쳐서 새로운 결론을 하나 도출해냈다. 나는 다시 한 번 유레카를 외쳤다. 그것은 바로 '기록하기'이다. **'성공은 기록하기에서 시작된다!'** 는 나의 깨달음이다.

인류 역사상 성공한 모든 사람들은 말에 힘이 있거나, 글에 힘이 있거나, 신념에 힘이 있거나, 사람을 이끄는 힘이 있거나, 행동에 힘이 있었던 사람들이다. 그런데 사실 어느 것 하나 범인(凡人)이 뛰어넘기에 쉬운 것은 없다. 그렇다면 이 중에서 가장 따라하기 쉽고 효과적인 방법은 무엇일까?

그것은 바로 기록해보는 것이다. 글을 쓴다고 하면 너무 거창하고 어렵게 생각될 수 있기 때문에 '기록을 해보는 것'이라고 나는 말한다. 자신의 생각을 써보는 것이다. 우리는 하루에도 수천 건의 정보를 접하지만, 수십 년이 흘러도 자신의 생각을 제대로 정리하지 못한 채 살아가고 있다는 생각에 이르렀다. 대부분의 사람들이 자신의 생각을 가슴에 품고 죽음을 맞이하는 것은 아닐까.

당신이 평범한 학생이든, 평범한 직장인이든, 당신이 누구이든 이미 당신 안에는 자신이 원하는 꿈의 성취를 위한 해답이 숨겨져 있다. 다만 그것은 한 번에 이끌려나오지 않는다. 끊임없는 배움과 시행착오를

거쳐야만 자신이 원하는 성공에 이를 수 있다.

그래서 이 책은 읽는 이의 생각을 요구한다. 독자 스스로의 기록을 요구한다. 독자들에게 다양한 방식의 도움을 전해주고자 우리 각자가 가고자 하는 길을 먼저 걸어간 많은 선인들의 지혜를 모아서 들려준다. 그리고 질문을 던진다. 그러면 당신은 거기에 대해 스스로 답하고 기록하면 된다.

당신이 기록한 그 글이 곧 말로 흘러나올 것이고, 그 말은 당신의 생각을 사로잡을 것이며, 그 생각은 신념으로 강해질 것이다. 그 신념으로 새로운 습관이 자리 잡게 될 것이며, 그 습관은 잘못된 행동을 교정하고 당신이 원하는 꿈을 현실로 만들어줄 것이다.

무엇보다 '성공은 ~이다' 라고 정의 내린 것이 아니라 '성공은 기록하기에서 시작된다!' 는 말에 주의해야 한다. 기록 이후의 행동이 아주 중요하다는 말이다. 그래서 책에서 얻은 교훈과 영감을 자신의 삶 속에서 실천해나가는 것이 무엇보다 중요하다고 말할 수 있다.

그러면 무엇부터 기록해야 하는가? 무엇에 대해 생각하고, 무엇에 집중해야 하는가? 시작은 바로 '비전(VISION)' 이다. 즉 자신이 인생에서 이루고자 하는 '비전(꿈)' 부터 기록해야 한다. 왜냐하면 인생의 방향을 정하지 않고는 올바르게 나아갈 수 없기 때문이다. 우리 인생의 방향을 찾기 위해서 비전부터 바로세워야 하는 것이다.

우리 인간에게 살아가면서 가장 중요한 것은 무엇일까? 인류의 수만큼이나 우리 각자가 원하는 삶은 다른 모습일 것이다. 따라서 중요하게 여기는 것도 다를 수밖에 없다. 그러나 적어도 우리 각자가 원하는 삶을 살기 위해서는 자신이 인생에서 이루고자 하는 일이 무엇인지를 먼저 알아야 한다.

비전 수립으로 자신이 원하는 것을 이룰 수 있는 성공의 출발점이 시작되는 것이다. 내 삶의 근본적인 주춧돌을 세우는 것이다. 그런데 만일 비전이 있음에도 불구하고 삶이 흔들리고 있다고 생각된다면 자신의 비전에 생명력이 담겨 있는지 냉정히 검토해봐야 한다.

시중에 비전을 다룬 좋은 책들이 많다. 대부분의 책이 비전의 중요성을 강조하고 있다. 그러나 어떻게 비전을 수립해야 하는지, 어떤 비전을 세워야 하는지, 어떻게 생명력을 불어넣어야 하는지 등에 대해 보다 실제적이고 구체적인 면에서 기술하지 못한 아쉬움이 있었다.

그래서 일반인들을 위한 비전 수립 전략을 다뤘다. 좀 더 손쉽게 읽을 수 있으면서도 실제적이고 구체적으로 다루고자 노력했다. 그리고 무엇보다 자기계발 측면에서 스스로에게 동기를 부여하는 감동을 주고, 각자가 나아가고자 하는 인생의 길에서 많은 영감을 얻을 수 있도록 구성하고자 노력했다. 마지막으로 비전 달성을 위해 좀 더 실제적으로 행동 계획을 작성해볼 수 있는 기회를 마련했다.

자기계발이란 우리들 각자가 추구하는 바를 성취하기 위한 전략적 활동을 말한다고 볼 수 있다. 원하는 것을 성취하기 위해서는 우리가 나아갈 삶의 목적과 방향을 파악하고, 그 목적을 향해서 자신이 가지고 있는 능력을 계발하고 부족한 능력을 채우려는 노력이 병행되어야 한다고 말할 수 있겠다.

그러면 어떤 방향으로 나아가야 하며, 무엇을 성취해야 하는가? 필자는 비전, 자아, 직업, 성공, 행복이라는 다섯 가지 부분을 우리 삶의 완성을 위한 핵심 요소로 손꼽고 있다.

이 책은 필자가 이야기하고자 하는 자기계발 시리즈 1권으로서 '비전'에 대한 내용만을 집중적으로 다뤘다고 볼 수 있다. 2권에서는 '나는 누구인가'라는 문제해결의 정답이 숨겨져 있는 '자아(自我)'에 대해서 다룰 예정이다. 이어서 3권에서는 직업적으로 경력을 관리하고 개발하는 직업적 성공을 위한 '직업'을 다룰 것이다. 4권에서는 많은 사람들이 목표로 하는 '성공'에 대해서 해부하고, 누구나 성공할 수 있는 성공전략에 대해서 다룰 예정이다.

그리고 마지막으로 우리 인생의 궁극적 목표라고 볼 수도 있는

‘행복’에 대한 이야기를 다루며 모두가 행복해지는 세상을 꿈꾸고자 한다. 각 권의 내용은 독립적인 체계로 구성되어 있으며, 개별적으로 완성도를 가질 것이다.

이렇게 차례대로 수년간에 걸쳐 이야기를 나누면서 인생의 궁극적인 목표와 삶의 전반적인 의미를 찾고 달성할 수 있도록 이야기를 진개해나길 예징이다.

이번 책에서나 다음 책에서나 필자의 역할은 안내자이다. 성공 인생을 위한 가이드로서 이야기를 전하는 역할을 하는 전달자일 뿐이다. 그럼에도 불구하고 누구보다 부족했던 필자가 스스로 자신을 계발해오면서 느꼈던 부분이나 깨달음을 정리한 것이라 어쩌면 유명한 사람들이 쓴 글보다 오히려 현실적이고 실질적인 도움이 될 수도 있을 것이라고 감히 말할 수 있겠다.

지은이 정철상

■ ■ 당신의 비전을 먼저 기록하세요 ■ ■

당신은 이미 비전을 문서로 가지고 있는 사람일 수 있다. 만일 그렇다면 정말 대단한 일이다. 당신은 적어도 상위 10% 안에 드는 뛰어난 사람이라고 할 수 있다. 하지만 자신의 비전이 올바른지, 생명력이 있는지 좀 더 정기적으로 검토하고 깨달아야 할 부분들이 있을지도 모른다. 내가 본 유명인들 중에도 비전 수립을 잘못한 사람을 일부 보았기 때문이다.

어쩌면 당신은 아직도 문서로 된 비전을 가지고 있지 않을 수도 있다. 아마도 대부분의 사람들이 그럴 것이다. 물론 그렇다고 해서 당신이 뒤처진다거나 당신의 꿈을 이룰 수 없다는 것은 아니다. 하지만 당신의 비전을 성취하기 위해서는 비전을 수립하고 비전을 완성하는 전략을 배울 필요가 있다. 중요한 것은 지금부터이다.

책을 읽기에 앞서 당신이 생각하는 비전을 먼저 기록해보고 본문으로 들어가길 권한다. 지금 바로 작성해보자. 짧은 시간이면 충분하다. 가능한 한 5분을 넘기지 않는 것이 좋다. 무엇이라도 좋으니 일단 떠오르는 자신의 비전을 작성해보자. 그냥 읽는 것에 비해 그 효과가 훨씬 크므로 반드시 5분 정도는 투자하길 권한다.

____

____

____

____

____

다 기록했는가? 기록하는 동안 즐거웠는가, 아니면 고민스러웠는가? 만일 고통스러웠다 하더라도 그것은 '긍정적인 고통'이 아닐까 싶다. 변화를 위한 긍정적 고통을 감내할 준비가 되었다면 이제 내용으로 들어가도 좋다.

만일 비전을 아직 못 적었다거나 만족스럽지 못하다 해도 크게 실망할 필요는 없다. 내용을 모두 읽고 나면 비전 수립을 위한 구체적인 윤곽과 실행 전략까지 세울 수 있을 것이다. 그때 다시 여유를 가지고 기록해도 좋겠다.

그럼 이제 내 인생을 위한 자기계발 콘서트 여행, 그 첫 번째 목적지인 생명력 있는 '비전' 달성을 향해 떠나보자.

1부

왜 서커스단의 코끼리가 되려고 하는가

– 잃어버린 꿈을 찾아서

웅대한 목표가 요술램프보다 더 좋은 점은 소원을 세 번 이상 말할 수 있다는 것이다. 이제 내면에 잠들어 있는 이런 강력한 능력을 끌어낼 시간이다. 이 잠든 거인을 깨우기로 결단만 내린다면, 그 동안 꿈꿔왔던 환상을 넘어서서 정신적으로, 정서적으로, 신체적으로, 경제적으로, 그리고 영적으로 풍요로움을 누릴 수 있을 것이다.

- 앤서니 라빈스, 동기부여가

part 1 잃어버린 나의 꿈과 비전

대부분의 사람들은 자신의 삶에 충실하다고 생각한다. 그래서 마주치는 사람들마다 인사말이나 응답이 거의 한결같다. '바쁘냐? 나도 바쁘다' 라는 것이다. 그러면서도 한편으로는 공허함을 애서 감춘다. 우리는 열심히 달리고 있지만, 지금 무엇인가를 잊어버린 채 달리고 있지는 않은가.

이 파트에서는 우리가 바쁘다는 핑계로 꿈을 잃어버린 채 살아가고 있지는 않은지, 매일매일 계속되는 삶의 딜레마에 빠져 진정으로 중요한 일을 간과하고 있지는 않은지 알아볼 것이다. 그리고 우리에게 뚜렷한 비전이나 자기 정체성이 없는 것은 아닌지 반성해보는 시간도 가져볼 것이다. 필자 스스로 비전을 기록하면서 어떻게 삶이 변화되었는지도 알아볼 것이다.

　그리고 비전의 의미에 대해서 좀 더 정확한 뜻을 새겨보고, 비전과 목표는 어떻게 다른지, 비전과 꿈은 어떻게 다른지, 비전과 사명은 어떻게 다른지에 대한 이해를 도울 것이다.

　우리 가슴에 평생토록 품을 생명력 있는 비전을 만들어보자!

비전을 통해 변화된 삶

　필자는 3년 이상의 실험을 거쳐 비전을 내 삶에 적용했다. 그 결과 삶의 많은 부분에서 변화가 이뤄졌다. 그래서 내 삶의 변화를 다른 사람들에게도 전달하고 싶어 1여 년간의 작업 끝에 이 책을 완성했다. 마지막 출고에 앞서 독자들의 반응을 알아보기 위해서 리서치와 인터뷰를 병행하며 비평과 조언을 구했고, 거기서 두 가지 대답을 얻었다.

　하나는 몇몇 출판사로부터 '폭발성이 없다'라는 비평을 들었다. 현행 베스트셀러는 독특성, 차별성, 창의성을 가져야 하는데 그런 면에서 '폭발적인 반응을 이끌기에는 교과서적인 내용이라 독자들이 호응하지 않을 것이다'라는 이야기였다.

　그래서 비전 달성을 위한 황금열쇠 부분을 삽입하고 곳곳에 생명력을 불어넣고자 노력했다. 그럼에도 불구하고 시중의 폭발성만을 내세운다면 그것은 어쩔 수 없는 일일지도 모른다.

　하지만 내 글의 취지는 등장인물들이 겪은 에피소드를 통해 감동

을 주고자 함이었다. 또한 그 감동을 넘어서 삶의 적용 측면에서 실
제적인 지식을 쌓고 실생활에서 실행할 수 있도록 하는 것이었다.
그래서 독자들이 출판사와 달리 필자의 뜻과 열정을 인정해줄 것이
라고 감히 기대하게 되었다.

두 번째로 지적받은 사항은 대개 일반인으로부터 나왔다. 비전을
통해서 필자 자신의 삶에 어떠한 변화가 있었는지 이야기해달라는
내용이었다. 사실 내가 겪은 경험과 깨달음을 나보다 앞선 비저너리
의 일화로 전달하고 싶었다. 그러나 독자들은 좀 더 가슴에 와닿는
현실적인 이야기를 원했다.

현재의 내 모습을 그대로 드러내기에는 아직 부끄러운 부분이 많
았다. 하지만 비전을 기록한 후 어느 정도 삶의 변화가 있었는지 솔
직하게 기록하는 것이 오히려 일반 사람들에게 더 다가가기 쉽겠다
고 생각했다. 그래서 원고를 이미 마감했음에도 불구하고, 주관적으
로 보일 수 있는 필자의 이야기를 가장 첫 파트로 감히 삽입하는 용
기를 낼 수 있었다.

다음 도표는 내가 비전을 수립한 지 3년 6개월 만에 변화된 모습
을 보여주고 있다. 뛰어난 사람들과 비교하기에는 너무나 부끄러운
점이 많다. '주관적이다', '상업적이다'라는 두려움도 일었다. 그래
서 필자의 현실을 이 책에 게재하는 것에 대해 반대하는 의견도 있
었다.

하지만 과거의 나와 같이 평범하게 살아가고 있을지도 모르는 독
자들을 위해서 솔직히 기록했다. 누구나 비전만 확고하다면 충분히

비전 기록 후에 변화된 삶

구분	3년 전의 과거	3년 후의 현재
직급	차장	사장 승진(법인 소속)
소속	직장인	개인사업자(독립)
학위	학사	석사
지위	시간강사	겸임교수
강의횟수	연간 10~20회	연간 150~200회
가계소득	연 4,000만 원	약 2억 원
집필	평범한 작가	베스트셀러 작가
주거	무주택자	일산 아파트 1채 보유
자산	총 0000만 원	10배 가량 증가
자동차	없음	2대
존중감	스스로에 대한 혐오	스스로에 대한 존중
건강	탈모와 위장병, 알레르기 비염	모든 증세 중단과 체력강화
인맥	150~200여 명	4,000~4,500여 명
아이	아들 1	아들 1, 딸 1
꿈	은퇴 후의 안락한 삶	죽는 날까지 자아실현 추구
삶	비전 없는 현재	비전 있는 미래

해낼 수 있다는 믿음을 주고 싶었기 때문이다. 나처럼 보통 사람도 '비전 하나만으로 이렇게 변화될 수 있구나' 라는 시각으로 봐주길 바란다.

사실 누구보다 평범했던 나로서는 3년 만에 이뤄놓은 것을 보고 스스로도 깜짝 놀랄 때가 많다. 더 놀라운 사실은 앞으로 더 원대한 변화들을 내가 이뤄낼 것이라는 확고한 믿음이 있다는 것이다.

비전 기록 이전의 삶과 기록 이후의 삶을 비교하는 과정에서 또한 가지 놀라웠던 점은 거의 모든 꿈이 내가 목표로 했던 시점보다빨리 달성되었다는 사실이다. 단 한 번 늦은 적이 있었는데 그것은내 딸아이였다. 하지만 나는 거기에서 더욱 놀라움을 금치 못했다.

집안에 여자가 귀해서 평소부터 딸아이가 있었으면 했다. 그 욕심에 딸아이를 낳고 싶은 시기까지 정해 내 인생의 설계도에 기록해두었는데 단지 5개월 늦었을 뿐이었다. 내가 소망한 연도에 성별까지원했던 대로 정확하게 공주님을 얻었다. 물론 너무 주관적이라는 생각이 들 수도 있을 것이다.

하지만 **비전을 가진다는 것**은 이처럼 믿기 어려운 일들도 해내는 힘을 가지고 있다는 것을 나 역시 실감하는 계기가 되었다.

꿈을 잃어버리고 살아가는 삶

정신분석학의 대가라고 할 수 있는 천재적 심리학자 칼 융은 37세의 중년에 인생의 큰 혼란을 겪는다. 융은 의학박사로서, 병원장으로서, 또한 대학교수로서 경제적으로나 사회적으로나 안정된 삶을 살아가고 있었지만 왠지 모를 삶의 불편함을 느낀다.

다른 사람이 볼 때는 어느 것 하나 부족함이 없는 삶을 살아가고 있었지만 스스로는 자신의 삶에 의문을 가지게 된 것이다. 이 상태로는 더 이상 학생들을 가르칠 수 없다고 판단하여 그는 가르치는 일을 중단하고 3년간의 칩거생활에 들어간다.

융은 그 동안 자신과 인간의 심리에 대해서 생각하고, 인류 역사 속에서 지식을 학습하며 고뇌하고 또 고뇌한다. 고뇌의 과정을 통해 인간의 심리가 복잡해 보이기는 하지만 특정한 유형이 있다는 사실을 깨닫고, 심리유형 이론을 정립해 인간 심연의 깊이를 풀어보고자 하는 비전을 세운다.

이 이론을 통해 융은 인간에 대한 이해 수준을 한 단계 끌어올리는 커다란 업적을 이룬다. 더불어 그 동안 그를 짓누르던 삶의 불안감에서도 해방된다.

■ **중년의 정신적 혼란**

우리의 모습은 어떠한가? 중학교를 다닐 즈음에는 유년시절이나 초등학교까지 나름대로 가졌던 꿈들이 하나둘씩 희미하게 사라지기

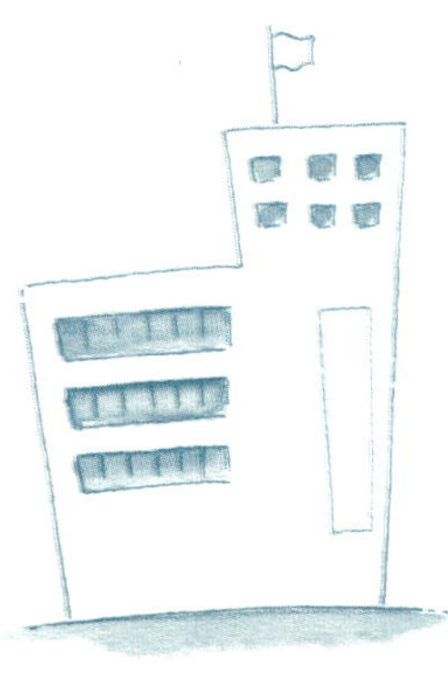

시작한다. 학교성적 올리기에 급급한 학생이 되어버린 모습을 발견한다. 고등학생이 되고 고 3이 되어버리면 대학입시에 시달리며 암울한 청소년 시기를 힘들게 보낸다.

그렇게 힘들게 대학생활을 시작해도 자신의 삶을 설계하는 데 시간을 보내기보다는 1, 2학년은 적당히 노는 것이라며 시간을 낭비하는 경우가 흔하다. 그리고 3, 4학년이 되어서도 정작 자기 자신의 삶을 위해 충실하게 시간을 보내지 못하고 취업준비로 마음만 불안해서 안절부절못하며 시간을 흘려보낸다.

졸업 후 수십대 일의 어려운 취업난을 뚫고 사회로 나서면서 나름대로 직장생활을 열심히 한다. 하지만 곧 자신이 원하던 직장이나 직업이 아니라는 생각에 갈등이 생긴다. 게다가 직장상사나 동료들에 대한 회의감이 들고 조직에 대한 불신마저 생겨 힘들기만 하다.

힘든 직장생활을 애써 참으며 사랑하는 사람과 가정을 통해서라도 행복을 일구고자 결혼생활을 시작한다. 행복했던 신혼의 단꿈과 첫 아이를 얻은 기쁨을 뒤로 하고 어느덧 30, 40대 중년이 되어버린다.

가정생활에도 충실하고, 여러 사람들과 모임활동도 해보고, 취미 활동도 해본다. 영적인 생활이나 종교생활도 해보지만, 여전히 현실 에 대한 문제와 미래에 대한 불안감이 자신을 감싼다.

■ 매일매일 계속되는 삶의 딜레마

여하튼 그렇게 넉넉한 형편은 아니지만 나름대로 차도 생기고, 집 도 장만하고, 사회적 지위도 어느 정도 갖춰나간다. 그럼에도 불구 하고 자신의 미래에 대한 불안은 여전하다. 그나마 기본적인 생계수 단조차 해결되지 않았을 때는 그 혼란감이 더욱 가중된다.

하지만 어느 정도 경제적 수단이 해결된 상황에서도 여전히 삶의 의미를 찾지 못한 채 불안감으로 혼란스러운 경우가 많다는 것이 우 리 삶의 딜레마다.

직장생활을 계속할 수 있을지, 현재 직장이 비전이 있는지, 좋아 하지도 않는 이 일을 계속해야 되는지, 싫어하는 사람들과 앞으로도 계속 함께 지내야 되는지 고민한다. 그리고 좀 더 넉넉하게 벌고 여 유롭게 쉴 수 있는 일은 없는지, 내 사업을 시작해야 되는지, 행복한 삶을 누릴 수 있을지 등 매일매일 수많은 고민 속에 지낸다.

어쩌면 이러한 모습이 솔직한 우리의 현실이 아닐까 한다.

특히 직장생활을 하면서도 새로운 진로를 찾기 위해 고민하는 직장인들이 경력관리를 어떻게 해야 할지 몰라 혼란에 빠질 때 필자를 찾아오곤 한다. 대부분 내로라하는 좋은 대학 출신에 이름만 들어도 알 수 있는 대기업에 다니는 사람들이다.

이들의 이야기를 들어보면 나름대로 누구보다 성실히 살아왔던 사람들이다. 그들이 삶에 부지런하지 않았기 때문에 뒤늦게 혼란을 겪는 것이 아니다. 사실 이들은 학교생활을 비롯해 그 동안 누구보다 성실하고 우수했던 경우가 많다. 기억에 남는 한 여성이 있다.

30대 중반의 이 여성은 대학을 졸업할 때까지 1등 자리를 거의 한 번도 놓친 적이 없었다고 한다. 졸업 후 그녀는 해외에서 세계 최고의 경영대학원을 수료하고 세계 최고의 다국적 기업 본사에서 일하다가, 국내 최고의 기업에 스카우트되어 한국에서 근무하게 되었다.

그러나 자신이 꿈꾸던 조직과 달라서 사직하고 휴식을 취한 후 세 번째 일자리를 찾던 중이었다. 하지만 어느 곳도 그녀에게 관대하지 않았다고 한다. 번번이 기업으로부터 서류 탈락, 면접 탈락의 고배를 마시면서 그 동안 1류라고 생각하며 살아왔던 자신이 어느새 2류로 전락해버린 듯한 좌절감마저 들었다고 한다.

그 동안의 성공으로 인한 오만감에 자신의 미래를 위해 충분한 준비를 갖추지 못했던 것이다.

이러한 학구파들뿐만 아니라 평범하게 살아가는 대부분의 직장인들도 나름대로 회사에 충실하고 개인적으로도 성실하게 살아간다. 하지만 이들의 이야기를 자세히 들어보면 정작 중요한 부분에서는 성실도가 떨어지는 경우가 많다. 현실에 닥친 걱정만 하고 있지, 정작 자신의 미래를 위해서는 충실하게 준비하지 못해서 갈등이 벌어지는 상황을 흔히 접할 수 있다.

학업성적이나 여러 가지 면에서 재능이 뒤떨어졌던 필자로서는 도대체 그 이유를 알 수가 없었다.

무엇 때문에 이 뛰어난 사람들이 방황하면서 자신의 능력을 제대로 발휘하지 못하는 것일까? 왜 이들은 자신이 원하는 삶의 성취를 일궈내지 못하는 것일까? 왜 뛰어난 능력을 가지고 있으면서도 더 큰 성공을 이뤄내지 못하는 것일까? 왜 사람들 각자의 차이는 시간이 지날수록 점점 더 벌어지는 것일까?

단지 운이 좋아서 어떤 사람은 성공하고 어떤 사람은 실패하는 것인가? 타고난 역량이 뛰어난 사람만 성공하고, 그렇지 못한 사람은 실패하는 것인가? 무엇 때문에 많은 사람들이 자신의 삶에 갈등하는가? 그 방황의 해결점은 무엇인가?

■ 뚜렷한 비전과 자기 정체성이 없는 것이 문제
사람들이 방황하는 데는 저마다 다른 원인과 이유가 있다. 하지만 공통적인 문제점은 자신의 삶에 대한 뚜렷한 비전이 없는 경우가 대부분이다. 설령 비전이 있다 해도 비전에 생명력이 없는 경우가 많았다.

그 다음으로 중요한 것은 자기 정체성이다. 그러나 사람들은 자신이 누구인지, 자신이 원하는 것이 무엇인지, 원하는 일을 하기 위해서 무엇을 해야 되는 것인지조차도 모르는 경우가 많았다.

나름대로 자기계발을 해온 성실한 일부 사람들은 자신이 좀 더 성실하지 못하고 자기관리를 못 해서 이러한 방황이 발생하는 것이라고 자학하는 경우도 있었다. 물론 실천의 중요성은 두말할 필요도 없이 중요하다. 그러나 정작 자신이 원하는 것이 무엇인지조차 모른다면 어떻게 원하는 것을 얻을 수 있겠는가.

그러면서도 대부분의 사람들은 직업적인 성공을 바라고, 사회적인 성공을 바라며, 행복을 바라고 있다. 하지만 자신이 원하는 성취를 일군 사람들조차 방황하고 허무감에 시달리는 이유가 올바른 비전을 찾지 못하고 자신의 정체성을 올바로 확립하지 못하고 있기 때문이라는 사실을 이해하지 못하는 경우가 많았다.

우리는 표면적으로 드러나는 직업적 성공이나 사회적 성공, 부의 성취, 명예, 지위 등에 따라서 성공이나 행복을 판단하기 쉽다. 그러나 보이지 않는 수면 아래의 밑바탕(근본)이 더 중요할 수 있다.

다음의 다섯 가지 요인은 필자가 생각하는 성공 인생을 구성하는 프로세스이다. 이 프로세스의 5대 요소 중 우리 눈에 즉각적으로 드러나지는 않지만 가장 아래 존재하는 비전과 자아에 소홀히 했기 때문에 많은 사람들이 삶의 균형을 잃고 헤매는 것이 아닐까 싶다.

따라서 **우리가 진정으로 의미 있는 삶을 살기 위해서는 먼저 자기 자신의 정체성을 찾고, 생명력 있는 원대한 비전을 세우고 그 꿈을 쫓아가야 한다.**

이제 잃어버린 우리의 꿈을 다시 찾아나서야 할 때이다. 개인의

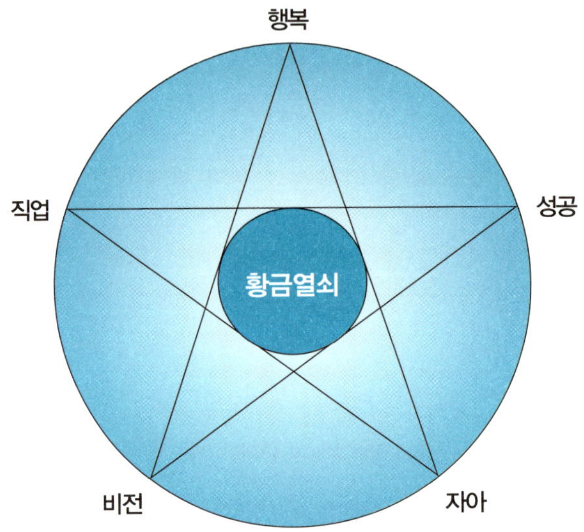

성공 인생 프로세스

---

*대부분의 사람들은 인생의 목표를 행복으로 삼고 곧바로 직행하려고 한다. 그러나 우리 인생의 주춧돌이자 근본이라고 할 수 있는 올바른 '비전'을 수립하고 '자아'를 정확히 인식하고 있어야만 행복을 얻을 수 있다.

그렇지 않다면 설령 상위에 속한 행복과 성공을 성취했다는 생각이 들더라도 언제든 무너질 수 있는 위험이 뒤따르기 때문이다. 또한 행복으로 가는 양 날개라고 볼 수 있는 '직업'과 '성공'을 등한시한다면 행복의 나라로 날아가기가 쉽지 않다.

자신은 학생이나 주부로서 직업이 없으니 아무런 연관이 없다고 생각한다면 그것이 바로 큰 문제이다. 그 자체의 일이 바로 직업이다. 자신의 일에 충실한 것이 무엇보다 중요하다. 그래서 누구에게나 중요한 것이 직업이다.

성공이라는 것은 사회적인 면과 우리가 꿈꾸는 삶의 의미를 포괄적으로 내포한다. 그런데 사람들은 단지 물질적인 성공만 추구하는 경향이 크다. 결국 우리 각자가 원하는 성공 인생을 위해서는 필자가 제시한 5대 영역의 균형을 잡아야만 인생의 비밀을 풀 수 있는 황금열쇠를 찾을 수 있고 진정한 행복을 누릴 수 있을 것이다.

영위만 생각할 것이 아니라 자신의 가정을 바로세우고, 우리 기업과 국가와 인류를 바로세우는 데 일익(一翼)을 담당하겠다는 웅대한 마음까지 품어야 한다.

가슴에 품은 대장 계급장

"장병들에게 알린다. 장병들은 하던 일을 잠시 멈추고 모두 주목하라. 대장 계급장이 있는 장병은 지금 즉시 함장실로 오기 바란다. 그에 상응한 포상을 하겠다. 주목하라. 장병들에게 다시 한 번 전한다……."

1920년대 중반 미국의 한 항공모함에 당시 해군 제독이 방문했다. 부대행사를 비롯해 많은 장병들의 사열을 앞두고 있었으나, 장군은 갑작스러운 고민이 하나 생겼다. 순간의 실수로 인해 자신의 계급장이 훼손되었기 때문이다. '이대로 사열을 받을 것인지 아닌지'를 고민했다.

주변의 참모들을 불러 여분의 '대장 계급장'이 있는지 조사해보았지만 바다 한가운데 대장 계급장이 있을 리 만무했다. 해군 제독은 혹시나 하는 마지막 기대로 선내 방송을 통해 공지했던 것이다. 하지만 대장 계급장이 나올 것이라고는 큰 기대를 하지 않았다.

그렇게 마이크로 알린 지 10분도 채 안 되어 한 소위가 숨을 헐떡거리며 함장실로 들어왔다. 주변 참모들은 긴급 보고사항이 있는 줄 알고, "무슨 일이냐?" 하며 그의 진입을 제지했다. 그는 "네, 니미츠 소위, 방송을 듣고 대장 계급장을 가져왔습니다!"라고 말했다.

■ 대장 계급장을 가슴에 품고 다니는 소위

해군 제독은 너무 반갑기도 하고 한편으로 궁금하기도 해서 "자네는 일개 소위가 어떻게 대장 계급장을 가지고 있는가?"라고 물어보았다.

"네, 니미츠 소위, 입대 전 애인이 선물로 줬습니다. 그래서 **저도 꼭 해군 제독이 되겠다는 꿈을 가지고 대장 계급장을 항상 가슴에 품고 다니고 있습니다!**"라고 절도 있게 대답했다.

해군 제독은 흡족하게 웃으면서 "하하하, 훌륭한 애인을 두었군. 자네는 꼭 대장이 될 것이네. 내가 따로 포상을 안 해줘도 되겠어"라고 말한 후 그날 사열을 유쾌하게 진행했다고 한다.

밀리터리 마니아라면 '니미츠'란 이름만 들어도 그 의미가 무엇인지 금방 알 것이다. 다만 거대한 항공모함 이름으로 기억하는 사람들이 더 많을 것이다. 가슴에 대장 계급장을 품고 있던 니미츠 소위가 바로 미국 해군 역사에 길이 남은 체스터 윌리엄 니미츠 제독이 된 것이다.

니미츠 소위는 마침내 1941년 태평양 최고사령관이 되었으며, 맥아더 장군과 더불어 태평양 전쟁을 승리로 이끄는 대규모 군사작전을 직접 진두지휘했다. 또한 1945년에는 미 해군 최초의 5성급 원수가 되어 미국 해군 역사에 한 획을 긋는 장군으로 남게 되었다.

원자력 동력 추진을 통해 운영되는 니미츠호는 건조비만 5조 원
가량 들었으며, 1년 유지보수비가 3,000억 원으로 6,000명 정도 탑
승한다고 한다. 항공모함에는 함재기 100여 대, 항모 1척, 보급함
1~2척, 방공 순양함 2척, 방공 및 대잠 구축함 3척 정도가 호위한
다. 눈에는 보이지 않지만 2척 내외의 공격형 원자력 잠수함이 수중
호위를 한다.

함재기는 제공용 전투기, 대잠수함 탐색 및 공격기, 대함 공격기,
대지 공격기, 공중 급유기, 조기 경보기, 수송기 등으로 구성되어 있
다. 호위 전함 및 잠수함의 공조로 이루어진 니미츠호의 전투력은
난공불락의 요새로 웬만한 중소 국가의 군사력을 능가해 현대판 무

적함대라고도 불린다.

결국 니미츠 제독은 이렇듯 미국 해군의 역사에 길이 기록될 만큼 훌륭한 장군이 되었다. 물론 그 힘의 원동력은 그의 열정과 강한 추진력이었겠지만 가슴속에 품어둔 '대장 계급장'이 그를 채찍질하는 큰 역할을 했던 것은 아닐까.

영화배우 짐 캐리는 무명배우 시절부터 '영화 한 편당 1,000만 달러(약 100억 원)를 받는 배우가 되겠다'라는 꿈을 가지고 있었다. 이 꿈을 잊지 않기 위해 물론 통용되진 않겠지만 자신이 직접 배서한 1,000만 달러짜리 모조수표를 지갑 속에 항상 가지고 다녔다고 한다.

결국 그는 영화 〈마스크(The Mask, 1994)〉에서 1,000만 달러 개런티를 받았다. 이어서 〈케이블 가이(The Cable Guy, 1996)〉에서는 2,000만 달러를 받는 등 대형 스타로 확고히 자리매김하게 되었다.

당신의 꿈은 무엇인가? 당신의 비전은 무엇인가? 삶의 목적은 무엇인가? 문서로 된 자신만의 비전을 가지고 있는가? 니미츠 소위가 가지고 다녔던 것과 같은 대장 계급장을 가슴에 품고 있는가?

만일 아직도 비전이 없다면 당신이 성취하고자 하는 꿈을 지금 바로 구체적으로 기록해보자. 그리고 그 기록을 니미츠 소위나 짐 캐리처럼 지갑이나 주머니 같은 곳에 고이 간직해서 가지고 다니자.

이것이 우리 어머니들이 믿었던 '부적의 힘'은 아닐까.[1]

비전이란 무엇인가

비전(VISION)이란 단어는 외국어라서 다소 생소하게 느껴질 수도 있다. 이미 알고 있는 사람들도 용어에 대한 정확한 뜻을 이해하지 못하는 경우가 종종 있고, 간혹 종교적으로 해석하는 사람들도 있다. 용어의 뜻을 정확하게 이해할 필요가 있는 중요한 단어이므로 그 의미를 좀 더 자세히 알아보고자 한다.

사전적으로는 '미래에 대한 구상, 미래상' 이라고만 짧게 표현되어 있다. 좀 더 살펴보면 '보는 행위 또는 능력, 보는 감각, 꿰뚫어보는 힘, 마음의 시력' 을 뜻함을 알 수 있다. 흔히 상상력, 선견, 통찰력 등으로 번역되기도 하고, '광경, 상상도, 미래도' 등과 같이 보이는 모습의 의미를 담고 있다.

서양에서 들어온 말이라 우리나라 말에 딱 들어맞는 용어가 있는 것은 아니다. 그래서 원어 그 자체인 '비전' 으로 불리는 경우가 많다. 굳이 우리말과 비교해서 쉽게 말한다면 '꿈' 이나 '사명' 이라는 용어에 가장 근접할 것 같다.

다음으로 '목표, 목적, 소명, 소망, 소원, 목표설정' 등의 용어와도 근접한 뜻으로 이해될 수 있다. 동양적으로 바라본다면 '삶의 철학, 사상' 등이 유사한 뜻으로 해석될 수도 있겠다. 때때로 '혼, 뜻, 신념, 신조, 의지, 믿음, 정신' 등의 뜻으로 이해되기도 한다. 구어체에서는 어떤 사람의 됨됨이, 미래성, 발전 가능성 등으로 사용되기도 한다.

세계적인 베스트셀러 작가 켄 블랜차드는 《비전으로 가슴을 뛰게 하라》에서 **'비전은 자신이 누구이고, 어디로 가고 있으며, 무엇이 그 여정을 인도할지 아는 것이다'** 라고 말하고 있다.

비전은 우리 자신의 정체성과도 연관을 맺고 있는 것이다. 그래서 우리가 올바른 삶의 방향으로 나아가기 위해서는 자신의 자아(自我)에 대해서 좀 더 깊이 있게 알 필요가 있다. 자아, 직업, 성공, 행복에 이르기까지 우리 삶의 전반적인 모든 부분과 연관관계를 맺고 있는 것이다.

블랜차드는 비전과 목표를 다르게 구분하여 정의 내리고 있다.

비전은 목적을 달성해가는 과정에서 끊임없이 지침을 제공하는 영속적인 것이다. 목표와 비전을 구분하는 한 가지 방법은 다음과 같은 질문을 해보는 것이다. '그 다음에는?'

일단 현재의 목표가 달성되고 나면, 비전은 미래의 행동을 위한 뚜렷한 방향을 제시하고 새로운 목표를 설정하도록 해준다. 하지만 비전이 없을 때는 일단 목표만 달성되고 나면 모든 게 끝나버리고 만다.[2]

만일 당신이 '아름다운 몸매를 가지고 싶다, 넓고 큰 주택을 구입하고 싶다, 아름다운 별장을 가지고 싶다, 고급 승용차를 구입하겠다, 많은 돈을 모으고 싶다, 경영자가 되고 싶다' 라고 생각한다면 그것은 비전이 아니라 목표를 말하는 것이라고 하겠다.

만일 이러한 목표를 비전으로 알고 살아간다면 설령 당신이 원하는 것을 성취한다고 해도 만족보다는 오히려 허무함을 느낄 수도 있을 것이다.

이러한 목표는 그것을 성취하고 나면 또다시 새로운 목표를 수립해서 도전하면 된다. 하지만 비전은 내 삶이 살아 있는 한 끝없이 지속되는 영속성과 생명력을 가지고 있는 것이다.

■ 비전은 우리 삶의 전반적인 영역과 관계된다

기업에서도 마찬가지이다. 예를 들어 한 기업에서 '2010년까지 세계 10대 생명공학기업으로 진입한다' 라는 슬로건을 비전으로 삼고 있다면 문제가 생길 수 있다. 뚜렷한 목표기간이 설정되어 있기 때문에 해가 갈수록 기한 달성이 쉽지 않다고 여겨지면 은근슬쩍 목표시한을 2015년이나 2020년으로 늦춰 잡을 수 있다.

그렇게 되면 구성원들의 신뢰가 떨어진다. 만일 목표시한에 맞춰 비전을 달성했더라도 그 비전은 사라져버리고 만다. 왜냐하면 이미 달성해 소멸해버렸기 때문이다.

따라서 이 기업이 세웠던 것은 비전이 아니라 하나의 목표라고 볼 수 있다. 그렇기 때문에 기업의 목표가 달성되면 또다시 새로운 목표를 부여하면 되는 것이다.

만일 이 기업에서 비전을 세운다면 기업의 사업영역과 합당하면서도 영원히 사라지지 않는 가치와 생명력을 불어넣어야 한다. 예를 들어 '인류 발전을 위한 진보에 앞장서는 기업', '따뜻한 인류애로 사랑이 넘치는 생명공학기업', '우리 가족의 미래를 책임지는 생명 선도기업' 등이 될 수 있을 것이다.

비전이 제대로 설정되었더라도 그에 따르는 뚜렷한 목표가 없다면 이상(理想)만 있고 알맹이가 없는 것과 마찬가지이다. 결국 달성해야 될 구체적인 목표가 없다면 그 비전은 일장춘몽으로 끝나버릴 수도 있다. 또한 목표 그 자체가 너무나 원대해서 비전이 되는 경우도 있다.

그렇지만 대부분의 경우 비전과 목표는 구분할 필요가 있다. 보통 사람들에게는 목표가 비전보다 오히려 더 현실성 있게 느껴지는 경우가 많다. 목표에는 정확한 시한이 있지만, 비전에는 시한이 없는 경우가 많기 때문에 그렇게 느껴지는 것이다.

그러나 비전에는 가치와 신념이 담겨 있는 반면, 목표에는 가치와 생명력이 없는 경우가 많다.

따라서 **비전을 수립할 때 시한이 있는 세부 목표를 함께 설정하는 것이 중요하다.** 그리고 목표 하나하나에도 비전이 가지고 있는 가치와 생명력을 담아내면 더 훌륭하게 목표를 달성해낼 수 있다. **비전 없는 목표는 생명력이 없으며, 목표 없는 비전은 상념(想念)에 그칠 뿐이다.** 이처럼 비전과 목표는 서로 상생관계를 가지고 있다.

■ 목표 없는 비전은 상념일 뿐

비전은 꿈과 어떤 점이 다른가? 어떤 사람은 꿈은 비현실적이라

며 꿈을 낮춰서 말하는 경우도 있다. 물론 꿈은 소망이나 바람을 담고 있다. 때로는 몽상적인 부분이 있는 것도 사실이다. 헛된 바람으로 인해 꿈을 경시하는 경우도 있다. 그러나 꿈에는 우리 가슴을 두근거리게 만드는 설렘이 있다.

비전은 이러한 꿈의 의미를 포함하고 있다. 그러나 꿈의 실현을 목표로 하는 면에서 다소의 차이점이 있기는 하다. 하지만 사실상 거의 같다고 봐도 큰 무리는 없다.

비전과 사명은 어떻게 다른가? 비전을 '사명 달성을 위해서 구체화되어 보이는 영상'으로 사명과 구분하여 말하는 사람들도 있다.

비전에는 역사를 바꿀 수 있는 원대한 꿈도 포함되지만, 한 개인의 작은 꿈도 포함된다. 사명 역시 한 개인의 꿈에서 시작되긴 하지만, 대

부분 한 개인의 영욕보다는 좀 더 큰 이타적인 차원의 것으로 비전과의 차이를 구분해볼 수도 있다.

때로 사명이란 신이나 조직 등이 나에게 부여한 소명으로 볼 수도 있다. 물론 비전에도 그러한 크고 작은 소명이 담겨 있다. 사실 많은 사람들이 비전과 사명의 의미에 대해 혼란을 겪는다. 그래서 비전과 사명을 구분하기보다는 하나로 인식하고 받아들이는 것이 오히려 혼선을 겪지 않고 일관성을 유지할 수 있다.

비전의 역할

1. 내가 누구인지, 내가 가고자 하는 길이 어디인지 알려준다.
2. 삶의 방향을 설정하고 그에 따라 실행토록 한다.
3. 우리가 원하는 것을 성취하도록 동기를 부여해준다.
4. 현재와 더불어 미래를 바라보는 혜안과 힘을 준다.
5. 영속적이면서도 생생한 영상으로 생명력을 불어넣어준다.

비전은 우리 삶의 의미를 찾기 위해서 뿐 아니라 우리가 품은 꿈을 잊어버리지 않기 위해서 마음속에 각인하도록 하고, 우리에게 주어진 환경이나 제약을 뛰어넘을 수 있게 한다.

비전은 우리 각자가 원하는 성공을 성취하도록 만들어주며, 궁극적으로 행복해지기 위해서 반드시 선행되어야 하는 필수요건이라고 말할 수 있다.

또한 비전은 우리 삶의 길잡이 역할을 하고, 우리가 가진 잠재능력을 발휘하는 힘을 부여하며, 우리가 방향을 잃지 않도록 자동 항법장치 역할을 한다. 실패하고 좌절할 때도 다시 일어설 수 있는 동기를 부여해주고, 우리가 이루고자 하는 꿈이 공중으로 헛되이 날아가지 않도록 우리의 마음에 강력한 신념을 불어넣어주는 것이 바로 비전의 힘이다.

이제 비전이 무엇인지 어느 정도 감이 잡힐 것이다. 어쩌면 아직도 잘 모르겠다고 느껴질 수도 있다. 사실 어렵게 느껴지는 것이 당연한 일인지도 모른다.

그러나 자신의 뜻을 세우고 꿈을 이루기 위해서는 비전에 대한 의미를 정확하게 정립할 필요가 있으니 다시 한 번 읽고 거듭 생각하면서 정리해보면 도움이 될 것이다.

다만 너무 용어의 뜻에 매달려서는 안 될 일이다. 삶과 행동 속에서 체화되는 것이 더 중요하기 때문이다. 내 인생의 성공 콘서트를 펼치기 위해서 반드시 필요한 비전. 그러면 왜 비전이 필요한지, 비전에는 어떤 힘과 기능이 있는지, 어떻게 수립해나가야 할지 좀 더 자세히 알아보자.

Review check

1) 내가 잃어버리고 지내온 꿈은 무엇인가.

2) 현재 삶에서 혼란스러움을 느끼고 있는가. 그것은 무엇인가.

3) 내가 생각하는 비전의 정의를 내려라.

4) 목표와 비전은 어떻게 다른가.

5) 내가 추구해야 될 삶의 방향은 무엇인가.

6) 비전 달성을 위해서 실천하고 있는 일들은 무엇인가.

비전은 삶의 목적을 분명히 해주고, 방향을 설정하고,
주어진 자원의 한계를 넘어서 사명을 완수할 수 있게 한다.
― 스티븐 코비 박사, 《성공하는 사람의 7가지 습관》의 저자

비전은 왜 필요한가? 비전은 우리가 살아가는 삶의 의미를 찾기 위해 필요하고, 우리가 마음먹은 일들을 잊어버리지 않고 각인하기 위해 필요하며, 우리 앞을 가로 막고 있는 제약이나 환경을 뛰어넘기 위해 필요하다.

또한 우리 각자가 꿈꾸는 성공을 위해 필요하며, 인생의 궁극적인 목표라고도 볼 수 있는 행복을 얻기 위해서 반드시 필요한 것이다.

삶의 의미를 찾기 위해

의외로 많은 사람들이 의미 없이 하루하루를 살아간다. 혹자는 먹

고 살기도 바쁜데 삶의 의미나 찾으며 신세타령할 여유가 없다고 말하기도 한다. 그런데 비교적 넉넉한 형편이 되어도 마찬가지인 사람들이 많다.

부의 많고 적음에 따라 삶의 의미가 달라지는 것은 아니다. 우리가 인생의 의미를 어떻게 정의하느냐에 따라 삶의 모습이 달라지는 것이다.

생텍쥐페리의 어린왕자는 지구에서 만난 5,000송이의 장미를 보고 처음에 깜짝 놀란다. 하지만 자신의 소혹성에 살고 있는 장미는 다른 어떤 장미보다 특별한 의미를 지니고 있다는 것을 여우를 통해서 깨닫게 된다.

김춘수는 꽃을 통해서 삶의 의미를 부여하는 시인으로 널리 알려져 있다. 그는 꽃을 통해 존재의 본질을 깨닫고자 상징적인 표현으로 비유했다.

사실 그는 실존하는 존재의 의미를 인간이 파악하기란 아주 어려운 것이라고 말한다. 그래서 그는 "나의 손이 닿으면 너는 미지의 까마득한 어둠이 된다"라는 표현으로 그 어려움을 표현했다.

하지만 **우리는 어떠한 경우에도 강한 의지를 가지고 성실하게 사물의 본질과 삶의 의미를 추구하려는 노력과 진지한 자세를 가지는 것이 무엇보다 중요하다고 시인 김춘수는 말한다.**

프랑스의 곤충학자 앙리 파브르는 31세에 레온 뒤프르의 소책자를 읽고 감명을 받아, 곤충 연구에 일생을 바친다. 그래서 그는 평생토록 부유하지는 못했지만 곤충의 생리를 연구하며 《곤충기(Souvenirs Entomologiques)》라는 10권의 명저(名著)를 출판한다.

■ 날벌레처럼 정처 없이 맴돌고 있는 것은 아닌가

파브르가 연구한 자료 중에는 작은 곤충의 생리에서 우리 인간이 배워야 될 교훈이 많다는 것을 알려준다. 그 중에 우리가 왜 인생의 의미를 가져야 되는지 날벌레의 생리를 통해서 간접적으로 전달해 주는 이야기가 있다.

어떤 날벌레의 한 종(種)은 아무런 목적도 없이 앞선 무리가 따라가는 대로 막무가내로 떠돌아다닌다. 심지어 먹을 것을 앞에 두고 방향을 바꾸어보려고 했지만 여전히 정처 없이 떠돌아다니기만 한다는 사실을 발견했다. 부지런히 맴돌기만 하던 날벌레는 일주일 정도 되면 결국 모두 굶어죽고 만다고 한다.

이처럼 삶을 살아가는 데 있어 삶의 의미나 목표가 얼마나 중요한지 섬뜩하게 보여주는 교훈을 이 작은 곤충의 생리에서 얻을 수 있다. 인생의 목표가 중요하다는 사실은 대부분의 사람들이 나름대로 알고 있다.

그러나 확실한 목적의식을 가지고 있는 사람들은 그리 많지 않다. 그래서 사람들은 아무것도 하지 않거나 때론 아무 목적이나 방향도 없이 방황하면서 인생을 낭비하는 경우가 많다.

대부분의 사람들은 자신이 원했던 삶은 현재의 모습이 아니었다고 불평한다. 그러나 어쩌면 **우리가 원하는 삶을 살지 못하는 이유는 능력이 부족하거나 기회가 없어서가 아니다. 우리가 삶의 올바른 비전을 세우지 못했고, 그래서 올바른 삶의 의미를 찾지 못했기 때문일 수 있다.**[3]

혹시나 우리도 이 날벌레들처럼 의미 없이 인생을 맴돌고만 있는 것은 아닐까. 부지런히 움직인다고만 해서 내 꿈이 성취되는 것일까. 나는 지금 어디를 향해서 날아가고 있는 것일까. 오늘도 어디를 향해서 이렇게 열심히 달려가고 있는 것일까.

비전은 우리에게 살아가야 할 의미를 전해준다. 무의미한 삶이 아니라 의미 있는 삶을 살아가도록 만들어준다.

마음속에 각인하기 위해

인간은 망각의 동물이라고 한다. 그래서 우리는 무엇이든 쉽게 잊어버리는 경우가 종종 있다. 사실 잊을 수 있기 때문에 우리는 생존할 수 있는 존재가 아닐까 한다. 아무리 큰 슬픔과 고난이 닥쳐도 시간이 지나면 어느 정도 잊을 수 있기에 고통을 견딜 수 있는 것이 아닐까.

당신은 이미 삶의 험난한 파도를 수차례 겪었을 수도 있다. 만일 우리가 겪어온 좌절에 대한 아픈 기억만으로 살아가야 한다면 삶은 어떻게 될까? 누구든 그 삶은 곧 황폐해질 것이다. 어쩌면 그 상태로는 도저히 살아갈 수 없어 극단적인 선택을 하게 될지도 모른다.

간간이 뉴스를 통해 유명인의 자살 소식을 접하곤 한다. 우리나라만 해도 하루 평균 30여 명 이상의 자살자가 매일 발생하고 있다고 하니 놀랍기 그지없다. 그래서 대부분의 인간에게는 생명을 보존하려는 방어기제(Defense Mechanism)로 망각기능이 작동하는 것은 아닐까.

이처럼 '망각' 은 고통스러운 기억들을 잊게 하는 본능적 방어기제로 우리 삶을 지탱해주는 훌륭한 역할을 수행하기도 한다.

그런데 우리는 종종 큰 결심을 하고도 쉽게 망각한다. 작심삼일이라는 말이 있듯이 이루고자 했던 큰 다짐을 금방 잊어버리기도 하고 그냥 지나쳐버리기도 한다. 의지가 약해서 그런 부분도 있겠지만, 큰 다짐이나 각오를 쉽게 잊어버리는 것은 이러한 인간의 방어적 본

능인 망각기능 때문일지도 모른다.

'꼭 변화해야지, 성공해서 부모님께 보답해야지, 더 좋은 기업에 취업해야지, 올해부터는 금연해야지, 올해는 꼭 다이어트에 성공해야지, 꼭 좋은 성적을 내야지, 자격증을 꼭 취득해야지, 영어공부를 열심히 해야지, 아껴서 저축해야지, 이젠 술을 그만 먹어야지, 이제부터 담배를 끊어야지, 앞으로는 많은 사람들로부터 사랑받도록 행동해야지' 등과 같이 수많은 꿈과 다짐을 마음속에 새겨본다.

하지만 결국 몇 달만 지나면 흐지부지 잊어버린 채 살아가는 경우가 많다. 그 이유는 무엇일까?

그것은 단순히 의지만의 문제가 아닐 수 있다. 다짐 그 자체를 잊어버리는 인간의 망각기능 때문이기도 하다. 만일 자신의 꿈과 목표를 문서로 기록한다면 어떨까. 생각을 통한 각인만으로는 실행력이 부족하므로 기록은 정신적 채찍의 역할을 수행할 수 있다.

따라서 언제나 쉽게 눈으로 볼 수 있는 이미지나 글로 기록한 '비전 선언문'을 몸에 지니고 다니면서 수시로 마음속에 각인시키는 것이 중요하다.

기록을 통해서 쉽게 망각하지 않도록 하고, 정신적으로 각인하여 자신의 의지를 다지는 것이다. 그럼으로써 자신을 보호하고 결국은 자신이 성취하고자 하는 것까지 이룰 수 있다. 이와 같이 기록된 비전은 우리가 원하는 것을 잊지 않도록 반복적으로 뇌리에 각인시켜준다. 막연한 생각에 그치던 꿈을 우리 가슴에 아로새겨준다.

주어진 환경을 뛰어넘기 위해

자신의 의지와 상관없이 우리는 태어나면서 성별이 구분된다. 피부색이나 외모뿐만 아니라 국가나 지역, 이웃 등 어느 것 하나 우리가 원하는 것을 선택해 태어날 수 없다. 그래서 부모로부터 고스란히 가난을 물려받기도 한다.

아주 어릴 때는 자신에게 주어진 힘든 환경을 모르다가 어느 정도 자아의식이 생기면 자신의 환경을 이해하고 나름대로 그 환경에서 벗어나고자 하는 생각에 갖가지 욕망을 꿈꾸기도 한다. 하지만 어느 것 하나 내 마음대로 쉽게 변화되지 않는 것이 현실이라는 것을 실감한다.

학교생활에서도 자신이 원하는 만큼 성적이 나오지 않는다. 오히려 학교라는 제도 속에서 수많은 제약들로 둘러싸여 갑갑함을 느끼기도 한다. 그것은 어렵게 들어간 대학에서도 마찬가지이다.

또한 남자들은 잠시의 자유를 접어둔 채 군대라는 조직에서 전에는 느껴보지 못했던 강력한 제약에 사로잡히기도 한다. 군대를 제대하면 그러한 제약은 끝날 것 같다. 하지만 막상 학교를 졸업하고 사회로 나가면 또 다른 제약이 우리를 기다리고 있다.

한편 여자들은 단지 여자라는 이유만으로 수많은 사회적 제약에 휩싸이기도 한다. 이렇듯 무수한 제약들이 우리를 숨막히게 만든다. 취업난에 시달린 것만 해도 힘겨운데, 박봉의 직장생활에 매서운 직장상사에게 휘둘리며 살아야 한다.

사랑하는 사람과 결혼이라도 하면 좀 더 행복하고 자유로워질 것이라 기대했다. 하지만 오히려 더 많은 구속과 책임에 때론 부담스러워지기도 한다.

하늘을 향해 마음껏 날고 싶은데 늘 수많은 제약과 억압이 우리를 가로막는 것 같다. 하지만 앞에서 언급한 제약들은 어쩌면 누구나 마주칠 수 있는 평범한 악조건이나 환경에 불과할지도 모른다. 인간에게 가장 가혹한 제약과 환경은 전쟁의 화마에 휩싸인 힘없는 인간의 모습이 아닐까 싶다.

심리학자였던 빅터 프랭클은 제2차 세계대전 당시에 고향 오스트리아에서 악명 높은 독일의 아우슈비츠 수용소로 강제 수용된다. 그와 같은 열차를 타고 왔던 90%의 사람들은 도착 당일 아무런 이유도 없이 처형당한다.

살아남은 나머지 사람들 역시 자유를 박탈당하고 모든 소지품을 압수당한다. 37세의 전도유망한 의학박사였던 빅터 프랭클은 자신이 일생 동안 연구해온 결과를 출간할 초고만은 어떤 수단을 써서라도 지키고 싶어한다.

하지만 그는 고민 끝에 자신의 삶의 가치가 이 원고가 출간되느냐 안 되느냐에 달려 있다면 그러한 삶은 의미 없는 것임을 깨닫게 된다. 자신에게는 좀 더 큰 삶의 의미가 있을 것이라고 생각한다. 그리고 그는 죽음보다 삶을 선택한다.[4] 프랭클은 반드시 살아남아서 수용소의 잔혹성과 인간성에 대한 이야기들을 들려주리라 다짐하게 되는 것이다.

■ 살아남은 생존자의 중요한 요소는 바로 확고한 비전

혹독한 강제수용소에서 살던 그는 인간에게서 모든 것을 빼앗아 가도 결코 인간의 자유만은 박탈할 수 없다는 사실을 깨닫는다. 인간이 어떠한 환경에 처하든 그 일련의 환경 속에서도 자신의 태도를 선택하는 것, 자기 자신의 삶을 선택하는 것은 누구도 침해할 수 없는 자유라는 깨달음을 얻게 된다.

빅터 프랭클은 포로수용소에서 살아남은 생존자들의 공통점을 분석하면서 건강, 활기, 가족구성, 지능, 생존기술 등과 같은 몇 가지 요인을 살펴보았지만 어느 것도 1차적인 요소는 아니라고 결론

아우슈비츠 수용소

을 내린다.

그는 미래에 대한 확고한 비전이야말로 생존자의 가장 중요한 요인이라는 사실을 깨닫게 된다. 살아남게 된 사람들은 자기에게는 살아서 이룰 사명과 중요한 일이 있다는 강력한 확신을 가지고 있었던 것이다.[5]

빅터 프랭클은 우리가 가졌던 따뜻한 집이나 가족, 재산뿐만 아니라 평생의 연구자료, 사회적 지위까지 하나도 남김 없이 모조리 박탈당하고 육체적 활동마저도 완벽하게 제약을 받았지만 가혹한 수용소 생활을 끝까지 견뎌낸다.

혹독한 수용소 생활을 통해서 인간에 대한 미움이나 증오에 대한 병적인 정신상태를 연구하는 것이 아니라 오히려 인간을 사랑하는 마음으로 인본주의 심리학자가 된다. 마침내 그는 **정신적으로 고통받는 사람들에게 삶의 의미를 부여해서 근본적으로 병을 치료하는 의미치료(Logotherapy)**의 창시자가 된다.

당신은 혹시 충분한 교육이나 지원을 받을 수 없었던 가정환경으로 인해 자신의 처지가 풀리지 않았다고 생각하고 있지는 않는가. 아니면 외모나 재능이 부족해서 삶이 제대로 풀리지 않는다고 여기고 있지는 않은가. 아니면 교육현장에서 올바른 교육을 하지 못했기 때문에 자신의 능력을 펼치지 못한다고 느끼고 있지는 않은가.

가진 자들의 오만으로 힘이 없어 밀려났다고 생각하고 있는가. 아니면 정치인들의 잘못으로 국가 운영이 잘못됐기 때문에 자신의 삶이 힘들게 되었다고 생각하는가. 어쩌면 자신은 지지리 운도 없다고 생각하며 신세한탄만 하고 있는 사람도 있을 것이다.

그러나 정작 자신에게 문제의 원인이 있지는 않은가 깊이 있게 살펴보지 않고, 문제의 원인을 외부 환경 탓으로만 돌리는 것은 아닐까.

빅터 프랭클이 최악의 환경 속에서도 어려움을 견뎌냈듯이 내 안에 잠재된 무한한 힘을 믿고 활용한다면 우리를 가로막고 있다고 생각하는 제약이나 환경을 이겨낼 수 있을 것이다. 비전은 우리를 가로막고 있는 장애물을 훌쩍 뛰어넘을 수 있는 강력한 힘을 준다.

성공하기 위해

성공을 측정한다는 것은 상당히 추상적이다. 1953년에 미국 예일대를 졸업한 졸업생들을 대상으로 20년 후 어느 정도 재산을 축적하고 있는지 조사함으로써 성공에 대한 정량적 조사를 진행한 적이 있었다.

이 조사를 통해 발견한 여러 가지 놀라운 사실 중 하나는 파레토 법칙*에 따라 조사대상의 상위 20% 사람들이 나머지 80%의 사람들이 지닌 재산을 합한 것보다 더 많은 재산을 가지고 있었다는 점이다.

조사팀은 이들을 구분하는 원인을 규명해보기로 했다. 조사 결과 20%의 사람은 뚜렷한 비전을 가지고 있었다는 사실을 발견했다. 결국 부의 차이를 만드는 원인은 비전의 유무라는 결론이 내려졌다.

파레토 법칙(Pareto's law)

일명 80:20 법칙이라고 불리는 파레토 법칙은 원래 소득분포의 불평등도(不平等度)에 관한 법칙이었다.

이탈리아 경제학자인 빌프레도 파레토는 1906년 이탈리아 토지의 80%를 이탈리아 인구의 20%가 소유하고 있다는 사실을 알아낸다. 그리고 이 80%와 20% 사이의 상관관계를 다른 여러 분야에 적용하기 시작했다. 시간의 흐름에 따라 80%와 20%의 상관관계는 전 세계적으로 더욱 유명해졌다. 다양한 사람들이 다양하게 응용하며 이 사실을 증명해 보였다.

사실 80:20 법칙은 인간의 직관에 반하는 법칙이기 때문에 더욱 중요하다고 말할 수 있다. 사람들은 모든 원인에는 각각 똑같은 중요성이 있다고 본다. 그래서 결과에 대해 동등한 가치를 기대한다고 볼 수 있다.

하지만 다양한 통계자료를 분석한 결과 80:20 원칙이 여러 분야에 걸쳐서 나타나고 있었다. 어느 국가나 할 것 없이 상위 20%의 인구가 80%의 돈을 가지고 있었다. 범죄자의 20%가 전체 범죄의 80%에 해당하는 범죄를 일으키며, 20%의 근로자가 80%의 생산성을 발생시켰다. 또한 기업 측면에서도 20%의 소비자가 전체 매출액의 80%를 차지하고, 전체 제품 가운데 20%의 품목에서 전체 매출액의 80%가 나왔다.

이는 어느 시대, 어느 국가를 막론하고 나타나는 현상이었다. 숫자상으로 완벽하게 80%와 20%로 맞아떨어지는 것은 아니지만, 대부분의 경우 거의 근접한 값을 가지는 것으로 나타났다.

따라서 **파레토 법칙을 잘 활용하기 위해서는 개인적으로나 조직적으로나 80%의 작은 일에 집중하는 것보다는, 20%의 핵심적인 일에 자원을 집중하는 것이 최고의 효율이 발생한다는 교훈을 얻을 수 있다.**
우리가 궁극적으로 목표하는 바에 집중적으로 노력할 필요가 있는 것이다.[6]

　그런데 조사팀은 다시 놀라운 사실을 하나 더 발견했다. 20%의 사람 중 상위 3%의 사람이 나머지 17%에 해당하는 사람들의 재산을 합한 것보다 더 많은 재산을 가지고 있다는 사실이다.

　다시 이 차이점을 알아내기 위해 심도 깊게 조사한 결과 17%의 사람은 뚜렷한 비전은 있되 문서로 된 비전을 가지고 있지 않은 사람들이 많았다는 것이다. 단지 3%의 사람만이 뚜렷한 비전을 문서로 기록해서 지니고 있었다는 사실이 밝혀졌다.

　사실 이 조사는 다소 임의적으로 여러 사람을 통해 와전되어 전해지는 부분도 있지만, 그것이 담고 있는 뜻만은 분명하다. 바로 비전 수립의 중요성과 기록의 중요성이다.

성공하고 싶은가? 좀 더 큰 집에서 살고 싶은가? 좀 더 풍요로운 부의 성취를 희망하는가? 더 나은 성품을 바라는가? 지금보다 행복해지고 싶은가? 사랑하는 사람이 더욱 행복해지기를 바라는가? 자아실현을 희망하는가? 당신이 원하는 것이 무엇이든 그것을 이루고 싶지 않은가?

■ 지금 우리는 올바른 비전을 향해 달려가는 것일까

우리는 책도 읽고 세미나도 듣고 열심히 일에 매진하기도 한다. 정말 뒤도 돌아보지 않고 나름대로 열심히 달리는 사람들이 많다. 그런데 성공과는 더욱 멀어지는 느낌을 가져본 적은 없는가?

인류 역사상 성공한 사람들은 말을 잘 하거나, 책을 많이 읽거나, 글을 잘 쓰거나, 신념이 강력하거나, 사람들을 탁월하게 리드하는 카리스마를 지닌 경우가 많았다. 그런가 하면 원대한 꿈을 가지고 있거나, 실행력이 탁월하거나, 자신만의 전략이나 이론을 가지고 있는 사람들도 많았다.

하지만 공통적으로 그 바탕에는 가장 중요한 요인이 하나 있었다. 바로 **'성공은 기록하기에서 시작된다'**는 것이 나의 믿음이다.

물론 일부의 위대한 성취자들은 굳이 문서로 작성하고 보관하지는 않았다. 하지만 문서를 대신할 정도의 강력한 신념을 가슴에 품고 평생을 살면서 자신의 신념을 관철시킨 것이다.

우리 같은 보통 사람들이 그들처럼 강력한 신념을 갖기란 결코 쉬운 일이 아니다. 그래서 우리는 기록해두고 자주 보아야 한다. 그럼으로써 **강력한 신념을 매일매일 키워나가야 하는 것이다.**

의식적으로 자신이 기록한 비전을 매일매일 바라보고 생각함으로써 나중에는 무의식마저 당신을 성공으로 이끌게 될 것이다.

성공하고 싶다면 자신의 비전부터 기록하라.

행복하기 위해

사람들을 만나 꿈이 무엇이냐고 물어보면 각양각색의 대답이 나온다. 가장 많이 나오는 대답 중 하나가 행복해지기 위해서이다. 사실 각양각색의 대답 역시 궁극적으로는 행복해지기 위해서인 경우가 많다.

예를 들어 '돈을 많이 벌고 싶다'라는 대답이 많은데, '왜 돈을 많이 벌고 싶은가?'라고 물으면 '내가 가지고 싶은 것을 많이 가질 수 있고, 내가 배우고 싶은 것을 많이 배울 수 있기 때문이다' 등으로 대답한다.

그러면 '왜 그러한 것을 가지고 싶고, 그러한 일을 배우고 싶은가?'라고 물어보면 '음……' 하고 제대로 대답하지 못하는 사람들이 많다. '집 장만'이나 '좋은 자동차'도 마찬가지이다. 사실 그들은

행복한 느낌을 누리고 싶은 것이다.

그러면 행복해지기 위해서는 어떻게 해야 할까?

많은 사람들이 행복을 추구하면서도 정작 '난 행복해요'라고 말하는 사람을 찾기가 쉽지 않다. 한편 누군가 '전 행복합니다'라고 말하면 이해가 되지 않는다는 눈빛으로 그들을 바라보는 사람들이 있다. 그런 사람들은 행복하다고 말하는 상대가 그러한 행복을 누릴 만한 자격이 안 된다고 얕잡아보기 때문일 수도 있다.

아마도 그들은 재산이나 사회적 지위, 명예나 지식이 뒷받침되어야 행복한 사람이 될 수 있다고 생각하는 경향이 있을 것이다. 하지만 행복은 그러한 경제적 · 물질적 · 사회적 지위 등 모든 자격을 갖춘 자에게만 부여되는 선물이 아니다. 부자나 가난한 사람이나 누구나 다 행복해질 수 있다.

나를 찾아오는 사람들은 자신에게 발생한 문제의 어려움을 호소한다.

'일거리가 없어요, 어떻게 하면 좀 더 좋은 자리로 갈 수 있을까요? 적성에 맞지 않아요, 직장상사가 너무 피곤해요, 직원들이 저를 따라주지 않는군요, 공부를 해도 집중이 안 돼요, 공부를 잘 할 수 있는 방법을 알려주세요, 가족들이 저를 힘들게 해요, 가족들로부터 자유로워질 수는 없나요, 돈을 벌고 싶어요, 돈 버는 방법을 알려주세요, 사업하고 싶어요, 좋은 아이템 없을까요? 현상유지만 하고 있자니 정말 답답해요, 꼭 성공하고 싶어요, 정말 이 지긋지긋한 직장을 때려치우고 싶어요, 행복하지가 않아요, 인생이 너무 힘들어요' 등 수많은 곤경과 어려움을 토로한다.

■ 행복해지고 싶다면 지금 당장 행복해지기로 결심하라

대부분의 사람들이 행복해지고 싶어하지만 실제로 행복하지 못한 이유는 그들이 삶을 살아나가려고 하는 방향, 즉 인생의 뚜렷한 비전이 없기 때문이다.

지금보다 더 행복해지기 위해서 오랜 시간이나 특정한 자격이 필요한 것은 아니다. '내가 원하는 모든 것이 다 갖춰졌을 때 그때 난 비로소 행복해질 것이다' 라는 잘못된 관념을 버려야 한다. 행복을 뒤로 늦추지 마라. 행복해지고 싶다면 오늘 지금 당장 행복해지기로 결심하라.

그렇지만 순간의 쾌락만을 추구하거나, 단지 삶에 안주하는 행복이어서는 안 될 것이다. 일상의 작은 일에 만족한다는 말은 미래의 꿈을 위해서 오늘 현재의 삶을 충실하게 살아가는 자신의 모습과 주변에서 일어나는 일들에 감사함을 느낀다는 의미를 지니고 있다. 그래야만 진정한 행복감이 느껴질 것이다. 그로 인해 행복감은 지속될 것이며, 더 큰 행복으로 이어질 수 있을 것이다.

일상의 안위에만 머무르지 말고, 타인의 행복까지 고려하는 비전을 세워 앞으로 나아간다면 우리 인류의 행복은 더욱 더 배가될 것이다.

Review check

1) 비전이 필요하다고 믿는가. 왜 비전을 수립해야 한다고 생각하는가.

2) 당신이 삶에 의미를 부여하고 있는 것은 무엇인가.

3) 당신을 가로막고 있는 제약과 환경은 무엇인가.

4) 성공하고 싶은가. 성공하기 위해서 지금 무엇을 해야 하는가.

5) 행복하고 싶은가. 행복하기 위해서 지금 무엇을 해야 하는가.

6) 80%의 사소한 일이 아니라 핵심적으로 집중할 20%는 어떤 일인가.

성공하지 못하는 이유는 기회가 부족하거나 능력이 부족해서가 아니다.
기회는 항상 우리 주위에 있다. 그러나 대부분 목표를 설정하지
않았기 때문에 그 기회를 잡지 못했고, 행동계획도 세우지 못한 것이다.

— 강헌구 교수, 비전 전도사

part 3 비전의 힘과 역할

비전의 힘과 역할은 무엇인가? 비전은 우리가 올바른 삶의 방향으로 나아갈 수 있도록 도와주는 인생의 길라잡이이며, 우리 안에 내재되어 있는 잠재능력을 끌어내어 최대한 발휘할 수 있도록 만들어주는 원동력이다.

또한 우리가 실수나 실패로 인해 길을 잃고 헤맬 때 올바른 길로 돌아올 수 있도록 도와주는 인생의 자동 항법장치이다. 우리에게 용기를 북돋아주는 동기부여의 원천이며, 미혹에 흔들리지 않도록 굳건한 신념을 만들어주는 강력한 도구이다.

삶의 방향을 잡아주는 길라잡이

약속한 날짜나 장소가 변경된 것을 모르고 엉뚱한 곳으로 나간 바람에 약속을 지키지 못한 경험은 없는가? 누구나 한 번쯤 이런 경험이 있을 것이다. 작은 약속 하나도 정확하게 알지 못하면 이런 실수를 저지르는데 하물며 우리 인생에서 나아가야 할 최종 목적지를 모른 채 인생이라는 길을 걸어간다면 도대체 어떻게 올바르게 가고 있다고 장담할 수 있을까?

나는 지금 제대로 길을 가고 있는 깃일까? 지금 부지런히 향하고 있는 이 길이 과연 올바른 방향일까? 부지런히 달리기만 한다면 원하는 내 삶의 목적지에 도착할 수 있을까?

강원도의 한 대학 캠퍼스에 강의를 나간 적이 있었다. 그런데 대학에 도착했으나 예정된 캠퍼스가 아니라 다른 캠퍼스에 왔다는 것을 알게 되었다. 차량 네비게이션에 검색된 목적지를 제대로 확인도 하지 않은 채 목적지를 선택하고 무작정 달려갔던 것이다.

같은 대학 이름의 또 다른 캠퍼스가 있다는 사실을 주의 깊게 파악하지 못했던 것이다. 무척 당황했다. 다행히 조금 일찍 출발한 터라 서둘러 다른 캠퍼스로 이동해 강의시간에 겨우 맞출 수 있었다.

작은 일이지만 여기서 나는 네 가지 교훈을 얻었다.

첫째, 출발하기 전에 목적지가 정확한지 확인하자.

둘째, 부지런히 달리기만 할 것이 아니라, 쉬면서 최종 목적지를 확인하자.

셋째, 기계나 시스템 등에 맹목적으로 의존하지 말자.

넷째, 충분한 시간적 여유를 가지고 미리 출발하고 준비하자.

이를 바꾸어 말한다면 이렇게 해석할 수도 있을 것이다.

1. 우리가 설정한 목표나 비전이 올바른지 확인하면서 살아가자.

2. 남의 힘에 의존하지 말고 자신의 내면에 깊이 귀 기울이자.

3. 잘못된 비전이나 신념에 대한 맹목적인 믿음이 화를 부를 수 있다.

4. 어려운 경우를 대비해서 사전에 준비하자.

비전은 이렇게 삶의 방향을 잡아주는 중요한 역할을 한다. 비전은 네비게이션보다 더 든든한 우리 인생의 길라잡이다.

잠재능력을 발휘하게 하는 원동력

나는 어렸을 때부터 인간의 잠재능력에 대해 관심이 많았다. 그래서 1992년에 개봉한 〈론머맨(Lawnmower Man)〉 같은 영화를 보면서 무척이나 흥분된 느낌을 가지곤 했다.

이 영화는 인간의 잠재능력을 개발하면 신(神)의 영역에까지도 이를 수 있다는 것을 조금은 섬뜩하게 보여준다. 주인공 래리 엔젤로 박사(피어스 브로스넌 분)가 가상현실을 통한 잠재능력 개발을 연구하는 도중에 지능이 뒤떨어지는 한 청년의 잠재능력을 무한대로 끌어올려주었기 때문이다.

결국 사악한 다른 연구원의 공격성 약물 투입으로 인해 피실험자는 공격적이고 포악하게 변해버리며 스스로 신(神)이 되길 갈구한다. 다소 극단적으로 인간의 잠재능력을 개발하는 면을 보여주긴 한다. 하지만 인간의 잠재능력을 개발할 경우 어느 정도까지 끌어올릴 수 있는지를 잘 표현한 영화라고 할 수 있다.

우리 내면에 숨어 있는 잠재능력을 비유할 때 많은 동물들이 언급되기도 한다. 특히 서커스단의 코끼리가 훌륭한 실례로 종종 언급된다.

서커스단의 코끼리는 공연이 없을 때는 조그만 말뚝에 흔하게 볼 수 있는 보통 밧줄로 매여 있다고 한다. 만일 코끼리가 마음만 먹는다면 언제라도 이 밧줄을 끊을 수 있지만 코끼리는 결코 그렇게 하지 않는다고 한다.

원래 순한 동물이기 때문일까? 조련사와의 관계 때문일까? 아니면 현실을 깨닫고 체념했기 때문일까? 그 큰 동물이 그토록 꼼짝없이 매여 있는 이유는 무엇일까?

■ 왜 서커스단의 코끼리가 되려고 하는가

훈련되지 않은 큰 코끼리가 서커스단에 바로 들어오는 경우는 극히 드물다. 대부분의 코끼리는 아주 어릴 때부터 데려와서 조련한다. 이 어린 코끼리는 어린 아이들이 그러하듯이 마음껏 뛰어놀고 싶어한다.

　　하지만 자신의 발에 묶인 사슬로 인해 원하는 대로 움직일 수가 없다. 이 사슬은 어린 코끼리의 힘으로는 도저히 풀 수 없을 정도로 단단한 쇠말뚝과 밧줄로 연결되어 있기 때문이다. 어린 코끼리는 밧줄을 벗어나려고 수없이 시도해본다. 하지만 뜻대로 되지 않는다는 것을 깨닫고 결국은 포기한다고 한다.

　　시간이 흘러서 1톤에 가까운 덩치로 자라고 커다란 나무도 뿌리째 뽑아버릴 수 있는 막강한 힘이 생겨도 코끼리는 작은 동아줄을 벗어나지 못한다고 한다. 다시 말하면 코끼리는 물리적인 사슬에 묶여 있는 것이 아니라, 자기 마음속의 사슬에 묶여 있는 것이라고 말할 수 있다.

사람도 마찬가지이다. 자기 안에 잠재된 엄청난 잠재능력을 믿지 못하고 조그만 제약에 억눌려 살아가는 모습을 흔히 볼 수 있다. 우리가 살아가면서 어쩔 수 없이 겪게 되는 몇 번의 실수나 실패로 인한 좌절의 경험이 우리 마음에 사슬을 만들어내도록 허용해서는 안 된다.

왜 서커스단의 코끼리가 되려고 하는가.[7]

지금 자신에게 아무런 능력이 없다고 한탄하고 있지 않은가? 자신이 무능하다고 생각되어 무력감에 빠져 있지는 않은가? 정말 힘 한 번 제대로 못 써보고 주저앉아 울고 있는 것은 아닌가?

우리에게는 무한한 능력이 잠재되어 있다. 자신을 속박하고 있는 마음속의 사슬을 끊고 우뚝 일어서야 한다. 강력한 비전은 강력한 능력을 발휘하도록 만들어준다. 내 능력을 마음껏 끌어낼 수 있는 힘이 솟구치는 비전을 만들어보자.

인생의 자동 항법장치

경제적 여유가 생기면서 해외로 여행이나 출장, 유학을 떠나는 이들이 많다. 그래서 예전과 달리 비행기 못 타본 사람을 찾기가 어려울 정도가 되었다. 물론 비행기를 아직 타보지 못한 사람들도 직항로, 직항편이라는 말을 한 번쯤 들어보았을 것이다.

　'프랑스 파리행 직항편'이라면 인천공항을 출발해서 도중에 경유지를 거치지 않고 프랑스 파리까지 곧바로 향하는 비행편이라고 말할 수 있다. 직항로는 비행하는 그 길을 말한다.

　현대 기술이 발달하면서 자동 항법장치가 개발되어 이제는 목적지 정보만 입력하면 예정된 경로와 고도로 비행할 수 있게 되었다. 그런데 놀라운 사실은 우리가 프랑스 파리 직항편을 타고 직항로로 날아가더라도 수도 없이 항로를 이탈한다는 것이다. 하지만 비행기가 목적지를 놓치는 경우는 거의 없다고 한다.

　이 이야기에서 하나의 교훈을 얻을 수 있다. 인생에서 우리 역시 크고 작은 궤도 이탈의 경험을 종종 겪는다. 큰 계획에서부터 작은 계획에 이르기까지 실패를 경험하게 되는 것이다. 때론 큰 좌절도 겪게 된다.

이때 비전이 있는 사람들은 잠시 궤도를 이탈하더라도 다시 일어서서 올바른 방향으로 나아간다. 그러나 비전이 없는 사람들은 완전히 삶의 목적을 잃어버린 듯 인생을 낭비하며 살아가는 경우가 많다.

길눈이 다소 어두운 나는 네비게이션에 의지해서 운전하는 경우가 많다. 그래서 모르는 길을 갈 때는 거의 이 기계에만 의지하고 다닌다. 하지만 가끔 어떤 방향으로 간다는 정도는 경험상 알고 있는 경우가 있다.

언젠가 충청도의 한 대학에 강의를 하러 갈 때의 일이다. 네이게이션이 평소 내가 생각했던 서해안고속도로나 중앙고속도로 방향이 아닌 영동고속도로로 계속해서 안내하는 것이었다.

달리던 중 불안해서 몇 번이나 길을 확인하고 또 확인했다. 결국 차를 세워 다시 확인하고도 불안해서 다른 사람의 요청까지 받고서야 겨우 현재 가고 있는 길이 옳은 길임을 알게 됐다.

■ 비전은 어둠 속에서도 올바른 방향을 제시한다

우리 인생에서도 때로 올바른 비전을 세워두고도 길을 잃은 듯 혼란스러운 감정에 빠져들 때가 있다. 꿈을 향해 나아가는 실행과정에서 겪는 일시적인 좌절이라고 볼 수 있다. 이런 일시적인 좌절은 누구나 겪는 것이기 때문에 큰 문제는 없다.

이러한 좌절과 실패에 현명하게 대처할수록 더욱 많은 에너지를 새롭게 충전할 수 있기 때문이다. 물론 좌절이 클 때는 잠시 휴식을 취해야 한다. 그러나 재충전이 될 수 있는 효과적인 휴식을 취해야 한다.

예를 들어 진정한 자아를 찾기 위해 홀로 여행을 떠난다거나, 사색을 통해 좌절의 근본 원인을 찾아보거나, 용기를 북돋고 동기를 부여해주는 책이나 세미나 등을 통해 재충전을 하는 것이다.

때로는 잘못된 길을 수정해야 될 필요도 있다. 하지만 자신이 가고 있는 방향이 올바르다고 판단되면, 다소 혼란스럽게 느껴지더라도 의문만 가지고 시간을 낭비하기보다는 자신의 방향을 향해서 부지런히 나아가는 것이 결국은 목적지에 도착하는 최선의 방법이 아닐까 한다.

비전은 이렇게 우리 인생의 자동 항법장치 역할을 한다. 우리가 올바른 목적지만 입력했다면, 도중에 이탈하는 경우가 생기더라도 우리 인생이 목적지로 올바로 나아가도록 조정해주기 때문이다.

자주 활용하여 습관화되면 비전 그 자체가 힘을 발휘하여 우리가 원하는 일을 해낼 수 있도록 안내하는 역할을 한다. 비전은 이와 같이 우리 인생의 모든 영역에 영향을 미친다. 그 힘은 실로 막강하고 놀라울 따름이다.

그러나 사람들은 자신의 삶이 잘 풀리지 않는다고 불평한다. 행복하지 못하다고 한다. 사회가 불공평하다고 말한다. 자신은 이미 헛된 길로 접어들었다고 한탄한다.

하지만 **비전의 강력한 힘을 믿는다면 비전이 당신이 목표로 하는 그**

길로 안내해줄 것이다. 이처럼 비전은 우리 인생이 올바른 목적지로 항해하도록 만들어주는 놀라운 자동 항법장치이다.

동기부여의 원천

인생에서 무언가를 배우기 위해서 교육이나 세미나에 참가하는 사람들이 많다. 특히 역경을 딛고 일어선 분들의 강연을 들으면서 강력한 동기부여를 얻기도 한다.

그런데 그러한 이야기들을 자주 접하다 보면 만성이 되어버려서 더 이상 큰 자극을 받지 못하는 경우도 있다. '다 그게 그거다'라는 교만한 생각마저 들곤 한다.

사람들은 외부로부터의 자극을 찾아다니지만 정작 중요한 것은 내부로부터의 동기라는 것을 잊고 있다. 자신이 어떤 일을 하더라도 하고자 하는 일에 동기부여가 되어 있지 않다면 어떤 일이든 제대로 해내기가 어려울 것이다.

비전이 없는 사람들은 돈이나 물리적인 외부 자극에 의해서만 움직인다고 볼 수 있다. 하지만 **비전이 있는 사람들은 물리적인 외적 동기보다 자신의 마음속에서 울리는 내적 동기에 따라 움직이기 때문에 스스로 행동하고 결정하고 책임진다.**

우리는 살아가면서 수도 없이 넘어지고 쓰러지곤 한다. 그것은 물리적인 경험뿐만 아니라 심리적으로도 마찬가지이다. 소위 프로 선수들의 '슬럼프 기간'이라는 이야기를 들어보았을 것이다.

우리 인생 전반에서 가장 어렵고 힘겨운 시기가 오랫동안 지속되는 경우도 있지만, 짧은 하루 중에도 힘겨운 순간을 수십 번 경험하기도 한다.

하지만 **비전은 우리가 겪는 그 순간순간의 어려운 상황에 휘둘리지 않고, 보다 나은 미래를 향해 앞으로 나아가도록 동기를 부여해주는 원천이다.**

강력한 신념을 만들어주는 도구

빅터 프랭클은 아우슈비츠라는 상상을 초월하는 역경을 강력한 신념으로 뛰어넘는다. 하지만 일부 사람들은 그것은 우리가 처해볼 수 없는 특수한 상황일 뿐이라고 말한다. 장애인들이 극복한 삶의 체험을 이야기하면 그것 역시 특별한 경우라고 말한다.

그러면서 정작 자신이 견뎌야 하는 현실이 더 고통스럽고 힘들다고 느낀다. 왜냐하면 자신이 가진 핸디캡으로 인해 성공할 수 없기 때문이라고 말한다.

그렇다면 이 사람은 어떠한가. 이 사람은 여성이라는 핸디캡에, 키 150cm라는 단신의 핸디캡에, 미국 내 소수인종이라는 핸디캡에, 이혼녀라는 핸디캡에, 아이도 낳지 못하는 핸디캡을 가지고 있었다. 게다가 학력도 변변치 않고, 가진 것도 하나 없었다.

심지어 부모에게서조차 사랑받지 못했던 핸디캡투성이였던 열악한 환경의 작은 인간이었다.

하지만 그녀는 'Can do(나도 할 수 있다)'라는 비전을 강력한 신념으로 삼아 미국 내 500대 우량 기업의 CEO로 우뚝 선다. 그녀가 바로 TYK 그룹의 김태연 회장이다.

우리는 학업성적이 낮으면 지능이 낮다는 핸디캡을 가지고, 부모의 재산이 적으면 재정적 핸디캡을 내세우며, 외모 지상주의에 빠져 외모 핸디캡 탓이라고 생각한다.

또한 사회에서 성공하지 못하는 것은 연줄이 없기 때문이라는 인맥 핸디캡을 내세운다. 심지어 성격이 안 좋은 것도 부모 탓이라는 등 수많은 현실적 제약이 자신을 가로막고 있다고 변명한다.

사실 핸디캡은 누구나 가지고 있는 것이다. 하지만 **성공한 사람들은 핸디캡을 강력한 신념으로 극복하고, 실패한 사람들은 핸디캡에 사로잡힌다.**

만일 비전을 올바로 세우기만 한다면 그 비전이 우리의 핸디캡을 뛰어넘을 수 있는 강력한 신념을 제공해준다. **인생의 험난한 파도에 휩쓸리지 않고 자신의 길을 올바로 가고 싶다면 강력한 비전으로 강력한 신념을 구축하라.**

Review check

1) 나의 꿈을 제한하고 있는 것은 무엇인가.

2) 이러한 제한과 제약들이 정말 나를 억누르고 있는가.

3) 이러한 제한을 뛰어넘기 위해 내가 취해야 될 행동은 무엇인가.

4) 나 자신에게 동기를 부여할 방법은 무엇인가.

5) 나를 지탱해주고 있는 강력한 신념은 무엇인가.

6) 나에게 힘을 불어넣어줄 강력한 주문을 만들어보자.

비전이 없으면 사람들은 소멸한다.
– 잠언, 29장 18절

2부
히스클리프의 절규
– 전략적인 비전 수립의 필요성

네 인생을 네가 망치고 있으면서 환경 탓을 하지 마라.

불평만 일삼을 것이 아니라 잘못한 것에서 교훈을 얻어라.

-빌 게이츠, 마이크로소프트 회장

part 4 비전 수립의 비밀

요즘 여기저기에서 비전의 중요성에 대해 언급하고 있기 때문에 많은 사람들이 비전이 중요하다는 것을 알고는 있다. 그러나 정작 올바른 비전 수립방법을 알고 있는 사람은 극히 드물다. 따라서 이번 파트와 다음 파트에서는 비전 수립에 앞서 알아야 할 전략과, 알고 있다고 생각했지만 실은 잘 모르고 있었던 비전 수립의 비밀에 대해 알아보고자 한다.

비전 수립에 앞서 무엇보다 알아두어야 할 점은 비전이 한 번의 작성만으로 완성되지 않는다는 사실이다. 비전을 계속해서 개선해 나가야 하기 때문이다.

또한 목표나 비전 성취 이전에 새롭고 더 큰 비전을 세워야 한다. 비전을 수립할 때 단지 쉬기 위한 삶이 최종 목표가 되어서는 안 될 것이다. 또한 물질적인 욕망에 근거하여 비전을 수립한다면 자신이 원하는 것을 얻어도 결국 허망할 수 있다.

목표 달성도 중요하지만 그 과정도 중요하다는 사실을 결코 잊어서는 안 된다. 마지막으로 한 번의 비전 수립으로 끝낼 것이 아니라 정기적으로 비전을 재검토할 필요가 있다.

한 번의 작성으로 비전이 완성되지는 않는다

비전을 가지지 않았던 사람들이 비전을 수립하고 문서로 기록하면 곧바로 긍정적인 현상이 하나 생긴다. 마치 복권을 산 후 곧 당첨이라도 될 듯 들뜬 마음 상태가 되는 것과 같다. 물론 그 정도의 긍정적 유희는 충분히 즐길 만한 것이다.

다만 문제는 과대하게 몽상하는 사람들이 있다는 것이다. 시간이 갈수록 들뜬 마음은 사라지고, 비전에 가까이 다가갈 기미가 보이지 않는다고 실망한다. 그러고는 자신이 세운 비전을 포기하는 사람들이 있다.

또 한 부류의 사람들은 과거에 자신이 세운 비전의 결과가 실망스럽다고 해서 다시 비전을 세우지 않는 경우가 있다.

또 어떤 부류의 사람들은 비전을 수립하기 위해서는 오랜 숙고와 고민을 거쳐야 하므로 지금 당장 섣부르게 세울 수는 없다고 말한다. 그리고 지금 당장 섣부르게 글로 쓰는 것은 더더욱 의미가 없다고 한다. 이렇듯 비전을 세우지도 못한 채 세월만 낭비하는 부류의 사람들이 있다.

믿어지지 않을 수도 있겠지만 비전은 복권보다 훨씬 더 큰 가치가 있다. 다만 제대로 된 비전을 수립하는 데는 수백 번의 갱신과 수년의 시간이 걸릴 수 있다는 사실을 알아야 한다.

비전 수립은 복권처럼 며칠 만에 결과가 나오는 그런 단기적인 형태의 투자대상이 아니다. 오랜 인내가 필요한 투자이다. 중요한 것은 지금 당장 비전을 기록해보는 것이다. 그리고 끊임없이 그 비전을 검토하고 개선해나가는 전략이 필요하다.

목표 달성 이전에 더 큰 비전으로 새롭게 갱신하라

우리는 간혹 목표를 너무 낮게 잡거나, 혹은 운이 좋거나, 혹은 자신의 뛰어난 재능이나 빼어난 노력으로 인해 처음에 세웠던 최종 목표를 계획보다 빨리 성취할 때가 있다. 그러면 어떤 사람들은 잠시의 희열을 느낄 뿐, 오히려 삶의 의욕을 상실하고 방황하는 경우도 종종 있다.

만일 자신이 세운 목표 달성이 가까이 다가오고 있다면 그 전에 좀 더 높은 수준의 새로운 비전과 목표를 새롭게 설정해야 한다. 내 능력의 크기가 커졌으므로 자연히 목표도 빠르게 성취되고, 비전도 성취할 수 있는 것이다.

예를 들어 기업의 임원이 되겠다는 목표를 세웠던 유능한 실무급 직장인이 실제로 임원이 된 후에는 무능함을 보이는 경우가 있다. 경영학에서는 말하는 피터의 법칙*에 빗대어 말할 수 있다.

이와 같이 실무진에 있을 때는 자신의 능력을 최대한 발휘하며 유능했지만, 임원이 된 다음에는 오히려 능력을 충분히 발휘하지 못하고 무능해지는 사람들이 종종 있다. 이러한 일이 발생하는 원인은 임원으로서의 할 일과 실무자가 할 일을 제대로 구분하지 못했기 때문일 수 있다.

그래서 임원으로서 갖춰야 할 능력과 그에 따른 역할에 대해 미리 준비해야 하는 것이다. 이처럼 우리는 미래에 맡을 자신의 위치나 역할에 걸맞은 역량을 미리 갖춰두어야 한다. 임원이 되었다면 '실무진이었을 때와 달리 내가 맡아야 할 가장 중요한 일은 무엇인가?' 라고 질문을 던져야 한다.

만일 어떤 사람이 '대학 강단에서 강의를 해봐야지' 하는 비전을 가지고 있다고 하자. 그의 꿈대로 대학에서 강의를 하게 되었다. 그렇다면 그 다음에는 무엇을 해야 할까?

'학생들에게 더 좋은 강의를 하기 위해서 무엇을 해야 할까?',

'내가 더 준비해야 할 지식은 무엇일까?' 등 새로운 질문을 자신에게 던져야 할 것이다.

그리고 깊이 있게 해당 분야의 지식을 파고들고, 흡수한 지식을 보다 효과적으로 전달하는 강의능력을 강화시켜나가는 등 목표를 새롭게 설정해야 할 것이다.

■ 능력이 커질수록 비전 성취도 가까워진다

취업을 한다는 목표도 마찬가지이다. 취업만 한다고 모든 것이 끝나는 것은 아니다. '직장인으로서 내가 갖춰야 할 능력은 무엇인가?' 라는 질문과 더불어 그에 대한 해답을 찾으려고 노력해야 한다. 취업한 다음에 무엇을 해야 할지 알아야 한다는 것이다. 취업 이후의 직무역량을 개발해야 할 것이다.

'책을 쓰겠다' 는 비전도 마찬가지이다. 설령 원고를 다 썼다 하더라도 책이 출간될 때까지 세세한 부분에도 신경을 놓치지 않아야 한다. 책이 출판되었다 하더라도 혹여 잘못된 점은 없는지 독자들의 소리에 귀 기울이고, 다음에 더 좋은 글을 쓸 수 있도록 부단하게 지식을 갖추고 노력해야 하는 것이다.

자신이 원하는 목표가 무엇이든 다를 게 없다. 자신이 원하는 꿈을 성취했다고 생각할지 모르지만 그 일을 탁월하게 잘 하기란 정말 어려운 것이다.

그래서 더 좋은 강의가 되도록, 더 좋은 글을 쓰도록, 더 좋은 관리자가 되도록 부단히 노력해야 한다. **당신이 어떠한 분야에 있든 간**

에 전문 역량이 강화될수록 좀 더 높은 수준의 비전과 목표를 새롭게 설정해야 한다.

1997년에 개봉했던 우리나라 영화 〈올가미〉를 보면 아들을 사랑하는 한 어머니의 이야기가 나온다. 이 어머니는 자식을 너무나 사랑해서 며느리조차 아들에게 사준 장난감에 불과하다고 생각할 만큼 광적인 집착을 보이다가 결국 자식마저 죽음으로 몰고 간다.

어쩌면 젊은 날의 이 여인은 아이를 사랑으로 키우는 것이 최상의 목표였을지도 모른다. 사실 인간에게는 피치 못할 양육의 기간이 필요하며, 때로 그러한 목표가 절대적으로 필요하기도 하다.

다만 아이들이 청소년이 되고 성인이 되면 그들이 스스로 가야 할 또 다른 길이 있다. 그럼에도 불구하고 아이만을 바라보는 것을 인생의 최종 목표로 삼고 살아간다면, 이와 같은 처참한 상황이 벌어질 수도 있다는 것을 이 영화는 극단적으로 보여주고 있다.

우리 인간에게는 끝없이 새로운 목표와 꿈이 필요하다. 그래야 살아갈 의미를 부여할 수 있기 때문이다. 계획한 목표 수립이 가까이 다가왔다면 내 마음을 움직일 새로운 목표를 미리 설정하고 목표를 향해서 달려나갈 준비를 해야 할 것이다.

맥도날드의 레이 크록 회장이 처음에 햄버거 사업을 접했을 때 원래 목적은 더 많은 멀티믹서 기계를 판매하는 것이었다고 한다. 그는 일종의 아이스크림 기계인 멀티믹스 판매 영업사원이었기 때문이다.

만일 그가 멀티믹스 판매만을 부동의 마스터플랜으로 확정하고

그 목표만을 달성하기 위해 매달렸다면 지금보다 훨씬 작은 규모의 발전밖에 이루지 못했을 것이다.[8]

내가 목표로 삼았던 꿈이 이렇게 자신도 모르게 기존의 계획과 다른 방향으로 흘러가기도 한다.

하지만 **우리가 나아가려고 하는 새로운 방향이 올바르기만 하다면** 과거의 방향만 고집할 것이 아니다. 새로운 방향으로 새롭게 도약할 수 있는 더 높은 비전에 맞춰 융통성 있게 변화하는 것이 오히려 더 큰 것을 얻을 수 있는 방안이다.

즐기고 쉬기 위한 삶이 목표가 되어서는 안 된다

우리는 살아가면서 평생을 걸고 이루고자 하는 최종적인 사명에서부터 작은 비전에 이르기까지 다양한 세부 목표를 가지고 있다. 그런데 대부분의 사람들은 다른 사람들에게 보여주기 위한 가시적인 성취만을 중요시하기 때문에 잘못된 목표를 설정하기 쉽다.

또한 인생의 목표를 정할 때 사명이 될 만큼 원대하게 목표를 잡지 않는 사람들은 단지 즐기거나 쉬는 것을 인생의 가장 중요한 가치로 내세우기도 한다.

예를 들어 '50대가 되면 은퇴해서 전원주택에서 조용하게 쉬면서 살고 싶어', '답답하고 지긋지긋한 이 직장으로부터 벗어나는 것이 목표야', '아무것도 안 하고 마음껏 잠만 잘 수 있으면 좋겠어', '실

컷 여행이나 하면서 즐기고 싶어', '정말 아무것도 안 하면서 편하게 살아가고 싶어' 등의 막연히 즐기고 쉬기 위한 삶을 비전이나 목표로 삼는 사람들이 있다.

이런 종류의 목표를 가진 사람들은 일상과 미래를 구분하고, 직장과 가정생활을 철저히 구분하는 이분법적인 사고를 가지고 살아가는 경우가 많다. 그래서 이들은 일상을 고통으로만 연결하고, 미래는 달콤한 것으로만 막연히 생각한다.

물론 삶을 순수하게 받아들이고 깨달음을 통한 안빈낙도(安貧樂道)의 삶을 살아가는 도인 정도의 수준이라면 모를까. 단순히 낭비

하며 인생을 즐기고, 단순히 쉬기 위한 삶을 인생의 최종 목표로 삼
고 살아간다면 우리 삶은 너무 의미가 없는 것이 아닐까.[9]

사실 나 역시 '50대 중반이 되면 충분한 돈을 모아서 은퇴하여 편
안한 삶을 즐기겠다' 라는 비전을 가지고 있었다. 단지 쉬기 위한 삶
이 내 목표였던 것이다.

하지만 나의 멘토(Mentor)* 중 한 분인 피터 드러커의 《프로페셔
널의 조건》이라는 책을 읽으며, 내 목숨이 다하는 날까지 자아실현
을 추구하겠다는 다짐을 하게 되었다.

이렇듯 과거의 어리석은 나처럼 단지 쉬기 위한 것을 인생의 최종
목표로 삼고 있지는 않은지 반성해볼 일이다.

멘토(Mentor)

그리스 신화에서 비롯되어 현재는 스승, 코치, 지도자 등을 일컫는 말로 사용
되고 있다. 고대 그리스의 이타이카 왕국의 왕인 오디세우스가 전쟁을 떠나
며, 아들 텔레마쿠스를 보살펴달라고 한 친구에게 맡겼다. 그는 왕자의 친구
이자 스승이자 상담가로서, 때로는 아버지의 역할까지 하며 왕자를 훌륭한
인격체로 성장시켜주었다. 텔레마쿠스를 이끌어준 사람의 이름이 바로 멘토
였다.
그래서 멘토는 한 사람의 인생을 이끌어주는 지도자라는 뜻으로 사용되는데,
이렇게 가까이서 관계를 맺는 직접적인 방식과 마음으로 품는 간접적인 방식
이 있다. 대개 우리가 원하는 멘토를 직접적으로 모시기 힘든 경우가 많아서
정신적으로 멘토를 모시기도 한다. 최근에는 다양한 분야에서 이러한 멘토링
제도를 받아들여 멘토를 직접 연결시켜주기도 한다.

물질적 욕망에만 머물러서는 안 된다

비전을 처음으로 수립할 때 물질적인 욕망에 따라 비전을 세우는 경우가 많다.

예를 들어 '집 한 채부터 마련해야지', '강남의 초고층 빌딩에 살고 싶어', '좋은 별장을 마련해야지', '돈 생기면 외제 자동차부터 구입해야지', '무엇이든 마음껏 살 여유를 가져야지' 등 물질적인 유혹에만 빠져서 목표를 정하기 쉽다는 것이다.

이런 종류의 목표나 욕망이 잘못되었다는 것은 아니다. 다만 이러한 물질적인 상태를 인생의 최종 목표로 삼기 때문에 원하는 것을 성취해도 결국 만족하지 못한 삶을 살 수 있다는 것이 문제이다.

또한 돈이 인생의 전부라는 황금 만능주의적인 사고로 살아가는 사람들이 있다. 하지만 돈 자체를 인생의 목표로 삼는다면 가치 있는 비전을 찾기가 어렵다. 죽음을 앞둔 사람이 그 동안 돈을 많이 벌지 못했다고 슬퍼하는 일은 거의 없을 것이다. 대개는 돈이나 권력, 명예, 사회적 지위 같은 것들보다는 좀 더 근본적인 가치를 아쉬워하기 때문이다.

죽음을 앞둔 사람들을 마지막으로 만나서 그들의 이야기를 모아 소개한 엘리자베스 퀴블러 로스의 《인생 수업》에 보면 사랑하는 사람과 함께 하는 삶, 가족간의 용서와 이해, 사랑하는 사람에 대한 배려와 추억, 놓쳐버린 작은 행복 등 보다 근본적인 가치가 더 중요하게 거론된다.

돈 자체를 목표로 삼은 사람들은 "돈을 벌기 위해서 지금은 어쩔수 없이 내가 싫어하는 이 일을 하고 있지만, 언젠가는 정말 내가 좋아하는 일을 할 수 있을 거야"라고 말하며 긍정적인 미래를 희망한다.

하지만 이러한 사람들은 억지로 일을 하기 때문에 실제로는 자신이 바라던 경제적 보상조차 제대로 달성하지 못할 수 있다.

돈을 벌기 위한 삶과 돈을 쓰기 위한 삶을 서로 다른 두 가지로 분리해서는 안 된다. 돈은 하나의 수단으로 순수하게 받아들일 때 오히려 더 큰 보상을 받을 수 있기 때문이다.[10]

목표도 중요하지만 과정도 중요하다

흔히 사람들은 성공하면 다른 사람을 도울 것이라고 말한다. 다른 사람을 돕기 위해서, 비록 정직한 과정이 아니어도 장기적인 목표 달성을 위해서는 어쩔 수 없다고 말하기도 한다. 그렇지 않더라도 풍요로운 부나 사회적인 지위나 명예를 최종 목표로 삼는 사람들이 많다.

이렇듯 비전을 세울 때 과정보다 최종 목표 달성만을 중요시 하는 사회적 현상이 팽배해 있다. 이로 인해 정당한 과정은 무시되고 목표만 달성하려고 하거나 최종 목표를 달성하지 못하는 것을 수치스럽게 생각하는 경향이 많다.

소설가 에밀리 브론테의 불후의 명작 《폭풍의 언덕》에서도 잘못된 목표 달성의 사례를 찾아볼 수 있다.

주인공 히스클리프는 캐서린이라는 여인을 사랑한다. 하지만 자신의 신분과 부로 인해 그녀와의 사랑을 이룰 수 없다고 생각한다. 한편 자신을 괴롭히던 힌들리에게 복수하기 위해 아무런 말도 없이 고향을 떠난 후 막대한 부를 축적해서 다시 고향으로 돌아온다.

하지만 사랑했던 여인은 이미 에드가의 남편이 되어 있었다. 복수에 눈이 멀었던 히스클리프는 결국 힌들리를 향한 복수에 성공하여 목적을 달성한다.

하지만 사랑하는 여인의 목숨마저 앗아가는 원인을 바로 그 자신이 제공하고 만다. 폭풍우 치는 날 그는 캐서린의 무덤을 맨손으로 파헤치며 절규하면서 후회한다. 하지만 이미 사랑하는 여인은 떠난 후였다.

개인뿐 아니라 조직이나 국가가 비전을 세울 때도 마찬가지이다. 다른 사람을 배려한다는 이유로 오히려 다른 사람에게 해를 끼치는 일이 발생해서는 안 된다.

우리의 꿈과 비전 역시 마찬가지이다. 단지 목표를 이루기 위해서 그 중간 과정을 무시하고 잘못된 수단으로 목표를 성취한다면 아무 의미 없는 목표 달성이 될 것이다.

인류 역사를 통틀어보면 수많은 사례가 있지만 그 중에서 대표적인 사례로 공산주의와 나치즘, 그리고 파시즘을 들 수 있다.

공산주의는 만인을 평등하게 만든다는 이상주의적 비전을 가졌음에도 불구하고 오히려 인민을 더 착취하고 기득권 세력만 키우는 오류를 범했다. 또한 나치와 파시스트들은 자신의 민족을 부흥시킨다는 명목으로 유대인 학살을 자행하는 대범죄를 저질렀다.

■ 삶의 과정 하나하나에도 충실해야 한다

개인도 이와 마찬가지로 설령 자신의 목표를 꼭 성취해야 다른 사람들에게 도움이 된다 하더라도 올바르지 못한 과정을 거쳐서 성취해서는 안 된다는 교훈을 얻을 수 있다.

비전을 성취해나가는 과정 그 자체에도 즐거움과 행복이 뒤따르기 때문에 열매를 따는 일에만 눈이 멀어서는 안 된다. 결과에만 집착하다가는 설령 원하는 과실을 따더라도 만족하지 못할 가능성이 높다.

조직 내 개인의 경우도 마찬가지이다. 예를 들어 어떤 회사에서 올해 안에 100억 원의 매출을 달성하기로 목표를 세웠다고 하자. 그래서 목표를 달성하면 10억 원을 사회에 환원하고, 목표를 달성하는 직원들에게 인센티브로 1억 원의 성과급까지 준다고 생각해보자.

만일 직원들이 10억 원의 사회적 환원금만 비전으로 삼고 일에 매진한다면 고객의 상황을 염두에 두지 않고 매출만 늘리려고 할 수 있다. 게다가 자신에게 주어지는 1억 원의 인센티브에 현혹되기라도 한다면 심지어 고객을 거짓으로 농락하는 상황까지 발생할 수 있을 것이다.

그렇게 되면 목표를 달성하더라도 장기적인 측면에서 기업의 근본적인 가치를 배제한 직원의 행동으로 인해 오히려 큰 타격을 입을 수 있다.

목표 달성에 대한 비밀을 하나 이야기하자면, 하나의 목표를 향해 나아가다 보면 첫 번째 목적과는 다른 목표를 달성하는 경우도 종종 있다는 것이다.

리즈 위더스푼이 주연한 〈금발이 너무해(Legally Blonde, 2001)〉라는 영화는 금발의 미모를 가진 한 여성이 사귀던 남자친구로부터 단지 금발(영화에서 머리가 비었다는 뜻으로 해석됨)이라는 이유로 버림을 받게 된다. 그래서 자신의 사랑을 되찾기 위해 피나는 노력 끝에 하버드 법대에 들어간다는 코믹 스토리로 구성되어 있다.

하버드 법대에 들어가기 위해서 피나는 노력을 하는 것도 인상적이었지만, 나체에 가까운 수영복을 입고 동영상으로 제작한 입학지원서를 제출하는 여주인공 엘 우즈의 파격성과 창의성이 눈에 띄었다. 결국 그녀는 하버드 법대에 합격한다.

드디어 그토록 그리던 남자친구를 만나게 되지만 여전히 하버드대에서 길거리 여자 정도로 취급받는다. 하지만 꿋꿋하게 자신의 사랑을 찾아가는 과정에서 학교 성적 면에서나 실질적인 법률 변호에서나 큰 성과를 창출한다. 결국 매달리는 남자친구를 버리고 사회에서 성공하는 여성으로 당당하게 나아간다.

이 영화는 간혹 방향이 다른 목적을 가지고 있더라도 그 과정에 너무나 충실했기 때문에 오히려 더 좋은 결과를 맺을 수 있다는 것을 희극적으로 보여주고 있다.

이 이야기를 잘못된 비전을 가져도 된다고 해석해서는 안 된다. 오히려 **비전을 너무 완벽하게 만들겠다고 다짐하면서 행동을 늦추는 것보다는, 현재 자신에게 주어진 모든 시간을 소중히 여기고 삶의 과정 하나하나를 충실히 이행하는 것 역시 중요하다고 바라봐야 할 것이다.**

비전은 주기적인 검토를 통해서 완성된다

우리가 어렵게 세운 비전이 때론 방향이 잘못될 수도 있다. 그 원인은 처음부터 잘못된 방향으로 수립되었을 수도 있고, 시간이 흐름에 따라 변화의 필요성이 생겼기 때문일 수도 있으며, 세상을 향한 자신의 시각이 확대되었기 때문일 수도 있다. 이와 같이 여러 가지 원인으로 인해 비전의 방향 자체가 처음부터 잘못 수립되는 경우도 있다.

비전에 대한 충분한 검토 없이 자신이 수립한 비전을 일관되게 밀고 나가며 맹목적으로 맹신하다 보면 오히려 잘못된 방향으로 나아갈 수도 있다.

샤워기를 틀다 보면 자신이 원했던 시원한 물이나 따뜻한 물이 나오지 않는 경우가 있다. 보일러 성능에 문제가 있을 수도 있으나 간혹 온수를 표시하는 스위치 자체가 잘못 설치되어 있는 경우도 있다. 이럴 때 몇 번의 시행착오를 겪으면 처음부터 온수기 스위치 방향이 잘못되었다는 것을 발견할 수 있다.

비전도 이와 같다. 때론 처음부터 잘못된 방향으로 설계되어 있을 수 있는 것이다. 문제는 샤워기의 냉온(冷溫)과 같은 작은 차이는 금방 알아차릴 수 있지만 비전이나 믿음, 신념과 같은 강력한 체계의 차이는 금방 알아차리기 어렵다는 것이다. 오랜 시간이 걸리거나 비전을 바라보는 시각, 능력 등이 요구될 수 있기 때문이다.

그렇다고 처음부터 완벽한 비전을 세우는 데 모든 시간을 소요하라는 것은 아니다. 최대한 올바른 방향으로 비전을 세우도록 노력하되 **최소한 1년에 한 번씩 주기적으로 자신의 비전을 검토해보자는 것이다.**

때문에 비전을 수립할 때 굳게 지켜야 될 신념이 있어야 하지만,

반면에 유연함과 융통성을 발휘할 필요도 있는 것이다. 비전을 정기적으로 검토하며 시정해나간다면 더욱 올바르고 큰 방향으로 비전을 성취할 수 있을 것이다.

그러나 비전의 타당성만 검토하며 시간을 낭비할 것이 아니라 일단 정확한 목표를 정하면 끊임없이 그 하나에 집중적으로 몰입해야 자신이 원하는 바를 성취할 수 있다.

마지막으로 비전 수립의 비밀을 하나 더 이야기하자면 '모든 일이 계획대로 되지는 않는다' 는 평범한 사실이다. '어차피 계획대로 되지 않을 바에야 차라리 계획을 세우지 않겠다' 라는 어리석은 생각을 한다면 너무나 잘못된 오류에 빠지게 된다.

비록 인생이 우리가 계획한 대로 이뤄지지 않을 수도 있다. 그러나 우리가 계획을 세워놓고 그 계획에 충실하려고 노력했기 때문에 오히려 더 큰 일을 해낼 수도 있는 것이다.

Review check

1) 인생에서 내가 궁극적으로 원하는 것은 무엇인가.

2) 내가 세운 비전으로부터 궁극적으로 얻고자 하는 결과는 무엇인가.

3) 나는 비전 성취를 위해 어떠한 과정을 거칠 것인가.

4) 비전을 정기적으로 점검하고 있는가. 어떻게 평가해나갈 것인가.

5) 황금 만능주의적인 사고를 가진 것은 아닌가. 그것을 어떻게 뛰어넘
을 것인가.

6) 자신이 추구했던 목표와 달리 성취한 것이 있었는가. 무엇이었나.
그 이유는.

살아가는 동안 완벽은 언제나 나를 피해 갈 테지만,
그렇지만 나는 또한 언제나 완벽을 추구하리라고 다짐했다.

– 피터 드러커, 경영학자

part 5 비전 수립의 8대 전략

생명력 있는 비전을 수립하기 위해서는 올바른 전략을 배워야 할 필요가 있다. **무엇보다 올바른 방향을 잡아야 하며, 가슴 뛰는 비전이어야 한다.** 자신이 가지고 있는 역량에서 비전을 확장해나가야 하며, 꿈은 원대하게 가지되 마주친 현실을 냉정하게 볼 필요가 있다.

비전 역시 상품처럼 멋지게 포장할 필요가 있으며, 눈으로 볼 수 있도록 문서화, 시각화 작업 및 심상화 작업을 병행해야 한다.

그리고 무엇보다 스마트하게 행동계획을 수립하고, 많은 사람들에게 **알리고 공표할 필요가 있다.** 필자가 제시하는 여덟 가지 전략을 참고해 자신만의 전략을 세워보기 바란다.

올바른 방향으로 꿈을 추구하라

다른 사람에 비해 성공이나 자기계발에 대한 의지와 의욕이 강한 사람들이 있다. 이들은 자신의 꿈이나 성공을 위해서 시간을 소비하느라 즐거움과 행복을 나중으로 미루면서 살아간다.

이런 사람들에게 있어 목표 설정이란 자신이 원하는 모든 것을 다 이루고 난 후 '어느 날' 비로소 자신의 삶을 최대로 즐길 수 있게 될 것이라고 생각한다.

물론 자신이 성취하고자 하는 꿈을 위해서 어느 정도 현실의 고통을 감내해야 할 필요는 있다. 그러나 **우리가 지금 행복하기로 결정하고 살아간다면 더 많은 것을 이룰 수 있을 뿐 아니라 보다 더 행복해질 수 있다.**

비전은 우리가 나아가야 할 방향을 알려주고 집중하도록 도와주는 도구 역할을 한다. 그러나 우리는 순간순간마다 얻을 수 있는 모든 즐거움을 최대로 느끼며 살아야 한다. 우리가 세운 구체적인 비전의 달성 여부에 따라 인생의 성패를 판단하기보다는, 우리가 추구해가는 방향이 개별적인 결과보다 더 중요할 수 있기 때문이다.

우리가 올바른 방향으로 계속 앞으로 나아간다면 추구하던 목표를 이루는 것은 물론이고, 우리가 원했던 것보다 더 큰 것을 얻을 수 있을 것이다.[11]

출발지를 떠난 비행기는 최종 목적지를 가기 위한 항로에서 수도 없이 이탈한다고 한다. 하지만 결국은 목적지에 정확히 도착한다.

우리의 인생도 이와 같다고 볼 수 있다.

우리 자신이 나아가고자 하는 최종 목적지를 올바로 세우고, 방향성에 대해서 끊임없이 점검하면서 앞으로 나아간다면 비록 궤도 이탈의 경험은 거치더라도 결국 우리가 원하는 목표점에 도착할 수 있다. 게다가 우리가 원하는 것 이상의 성취를 이룰 수도 있을 것이다.

자동차 네비게이션은 대부분 최단 거리만을 지시하도록 설계되어 있다. 하지만 베테랑 운전자들은 거리상으로는 돌아갈지 모르지만 시간상으로 좀 더 빠른 길을 경험을 통해 알고 있다.

우리가 인생의 올바른 목적지를 입력했더라두 때로 목적지를 향해 가는 길을 잘못 접어들 수도 있다. 때로 우리가 직선거리라고 생각했던 길이 오히려 더 시간이 걸리는 복잡한 길이 될 수도 있는 것이다. 이런 오류에 빠져서 헤매지 않기 위해서는 경험이나 연륜도 필요하며, 제반 지식을 충분히 갖춰야 한다.

그런데 베테랑이라고 자처하는 운전자들도 실제로는 잘못된 길로 접어드는 경우가 간혹 있다. 심지어 계속 과거의 길만 고집해서 실제로는 상당히 둘러가고 있다는 사실조차 모르는 경우도 있다.

때론 인생의 길목에서 손해 보는 일인 줄 알면서도 어쩔 수 없이 길을 돌아가야 할 때도 있다. 그러나 그러한 경우를 배제하고 대부분의 길은 우리가 좀 더 **개방된 마음을 가지고 지속적으로 학습하고 경험을 쌓아나가야 한다. 때때로 달리던 궤도를 수정해야만 좀 더 올바르게 나아갈 수도 있다.**

진정으로 설레고 가슴 뛰는 비전을 선택하라

우리는 혈기왕성한 시절의 첫사랑처럼 상대방의 얼굴이나 이름만 떠올려도 설레던 그 느낌이 드는 비전을 선택해야 한다. 비전을 성취하기 위해 하루하루를 가슴 두근거리면서 살아갈 수 있는 그런 비전을 만들어야 한다.

전 세계 최고의 영화감독이라고 말할 수 있는 스티븐 스필버그 감독은 "아침에 일어날 때면 너무나 흥분되어 아침식사조차 할 수가 없다"라고 말한다.

젊은 시절에는 아무도 그를 불러주지 않았다. 하지만 그는 영화 세트장을 제 집처럼 끊임없이 드나들면서 마침내 영화계의 대부로 우뚝 선 입지전적인 인물이다.

스필버그 감독은 정신없이 영화에 몰입하다가 하루 해가 져서 작업을 멈춰야 하는 것을 너무나 아쉬워했다. 심지어는 일이 너무 하고 싶어 해가 지지 않았으면 하는 바람을 가질 정도였다고 한다. 그래서 매일 아침에 일어날 때마다 새로운 작업과 상상을 또 할 수 있어서 늘 가슴이 뛴다고 한다.

많은 사람들이 자신의 일이나 직장에 대해 불만을 가지고 살아간다. 그래서 인생을 어쩔 수 없이 얽매여 사는 사회적인 삶과 즐기기 위한 개인적인 삶으로 분리해서 살아간다. 이렇게 인생을 둘로 쪼개는 이분법적인 사고로 살아간다면 우리의 인생은 쪼개지고 마음 역시 쪼개지면서 깊은 상처를 입을 수 있다.

■ 진정으로 자신이 좋아하는 일을 하라

많은 사람들이 "이 일은 내가 좋아하는 일이 아니다. 별로 가치 있는 일도 아니다. 보람이 없다. 그래서 열심히 일하지 못하겠다"라고 말한다. 대부분의 사람들은 자신의 일을 그렇게 과소평가하면서 살아간다.

그러나 위대한 사람들은 일과 놀이의 이분법적 사고를 완전히 초월한다. 그들은 우리가 재미없게 생각했던 일들조차 재미있게, 때론 성스럽게 수행한다.

성공한 많은 사람들이 이야기하는 근본적인 성공전략은 '자신이 좋아하는 일을 하라' 는 것이다. 아주 간단한 메시지이다. 그래서 어쩌면 이 가르침이 중요하게 여겨지지 않을지도 모른다.

그러나 사람들은 자신이 좋아하는 일을 하면서 원하는 것을 성취할 수 있다는 사실을 믿지 못한다. 또한 어떤 사람들은 자신이 좋아하는 것이 무엇인지조차 모르고 살아간다. 심지어 알면서도 잊어버린 채 살아가기도 한다.

어떠한 일을 하든 간에 자신의 노력으로 인해서 혜택을 받는 사람들이 있다. 때문에 일을 할 때는 비록 작은 힘이라 하더라도 자신의 노동으로 인해 도움을 받는 최종 수혜자들을 생각하는 마음을 가져야 한다.

그렇게 생각한다면 노력한 만큼 돌아오는 물질적 대가가 비록 적을지라도 그 이상의 기쁨을 느낄 수 있을 것이다. 그렇게 된다면 평소 지겹게 느껴지던 일들도 새롭게 여겨지고 설렘과 두근거림까지 느낄 수 있다.

잠들어 있던 열정에 불을 댕기고 온몸을 들뜨게 만들 만큼 매혹적인 자신의 비전을 만들어보라.

현재 자신의 직업이나 재능을 확장해보라

우리는 흔히 '돈 벌면 지겨운 직장 때려치우고 장사나 해야지', '빵 냄새가 구수하게 풍기는 빵집을 운영해야지', '바다가 보이는 아름다운 언덕에서 조용한 찻집을 운영해야지' 등의 크고 작은 꿈을 그린다.

이런 꿈이 잘못된 것이라고 말할 수는 없다. 그러나 정작 자신이 가지고 있는 재능과 직업은 완전히 제쳐두고 현실과 동떨어진 꿈을 꾸는 경우가 많기 때문에 문제가 생길 수 있다.

예를 들어 찻집을 운영한다 하더라도 자신이 좋아하는 나비 수집을 꾸준히 취미로 해서 나비가 살아 숨쉬는 특별한 공간으로 만들어보겠다고 말할 수 있겠다. 아니면 사진 찍길 좋아하는 자신의 취미생활을 살려 아름다운 갤러리 공간으로 꾸미겠다고 다짐할 수도 있을 것이다.

이밖에도 인터넷 분야에서 일한 사람이라면 카페를 통해 사람들의 이야기를 인터넷으로 전하겠다는 식으로 자신만의 차별화된 테마와 전략을 생각해볼 수 있을 것이다.

자신의 재능과 직업 등을 통해서 꿈을 좀 더 구체적으로 확장해보는 것이다. 실제로 이렇게 운영되는 공간들이 있다. 이런 곳을 방문하면 다른 곳과는 사뭇 다른 운영자들의 행복한 숨결을 느낄 수 있어 덩달아 행복해지곤 한다.

그런데 우리는 막연하게 먼 미래의 꿈만 꾸다가 일장춘몽으로 일생을 끝내는 경우가 많다. 그래서 멀리서 꿈을 찾기보다는 가까이에 있는 자신의 재능과 자질, 취미, 인맥, 직무경험, 직업적 능력 등을 활용할 수 있는 일이 무엇이 있을까 생각해보는 것이 좋다.

정년퇴임이나 명예퇴직을 한 후에 받은 퇴직금으로 식당이나 서

비스 사업을 운영한다고 덜컥 사업을 벌였다가 망하는 경우가 흔하다. 자신이 그 동안 활용해왔던 능력은 모두 배제해버리고, 한 번도 해보지 않은 일을 준비도 없이 바로 시작하다 보니 실패하기 쉬운 것이다.

'그 동안 취미로 찍어놓은 사진작품을 전시하여 풍경이 있는 음식점으로 꾸며야지', '책읽기를 좋아하니 바닷가가 보이는 언덕에 북카페를 세워서 사람들에게 서비스하고 내가 좋아하는 서재도 마련해야지', '내가 셀카(혼자 스스로 찍는 사진)를 잘 찍으니까 다른 사람들에게 표정과 포즈를 알려주는 포즈연구소를 설립해야지', '회사에서 20년 동안 재무·회계업무를 담당해왔으니 그 동안의 재무지식을 바탕으로 자산설계사로서 고객들에게 재무 서비스를 해줘야지……'.

이처럼 자신의 경험과 능력을 배제할 것이 아니라, 자신의 경력과 경험을 바탕으로 꿈을 보다 구체화할 필요가 있다.

현재 자신이 가지고 있는 직무능력, 직업, 재능, 기술, 취미 등으로 무엇을 할 수 있을지 범위를 하나씩 넓혀간다면 남들보다 성취하기 쉬운 자신만의 비전을 수립할 수 있을 것이다.

꿈은 원대하게 가지되, 현실을 냉정하게 직시하라

우리는 아무리 어려워도 결국 성공할 것이라는 믿음을 잃지 않는 동시에, 눈앞에 닥친 현실 속의 가장 냉혹한 사실을 직시할 필요가 있다.

베트남 전쟁 당시 짐 스톡데일은 미군 최고위 장교로서 1965년부터 1973년까지 8년간 수용소에 갇혀 있는 동안 수십 차례의 고문을 당했다. 그는 전쟁포로의 권리도 보장받지 못한 채 정해진 석방일자도 없고, 심지어는 살아남아 가족들을 다시 볼 수 있을지조차 불확실한 상태로 전쟁을 견뎌냈다.

결국 살아 돌아온 그는 어떻게 그 어려운 수용소 생활을 견뎌냈느냐는 짐 콜린스의 질문에 다음과 같이 대답했다.

"나는 이야기의 끝에 대한 믿음을 잃은 적이 없었어요. 나는 거기서 풀려날 것이라는 희망을 추호도 의심해본 적이 없거니와, 한 걸음 더 나아가 결국에는 성공하여 그 경험을 돌이켜보아도 바꾸지 않을 내 생애의 전기로 전환시키겠노라고 굳게 다짐하곤 했습니다."

스톡데일은 수용소 생활을 견뎌내지 못한 사람들이 '낙관주의자'들이었다고 말했다. 그들은 "크리스마스 때까지는 나갈 거야"라고 말한다. 그러다가 크리스마스가 오고 크리스마스가 지나간다. 그러면 그들은 다시 "부활절까지는 나갈 거야" 하고 말한다. 그리고 부활절이 오고 다시 부활절이 지나간다. 다음에는 추수감사절, 그러고는 다시 크리스마스를 고대한다. 그러다가 상심해서 병을 앓거나 몸이 쇠약해져서 죽는다는 것이다.

그는 수용소 사람들에게 "결국에는 성공할 거라는 믿음은 가지되,

이번 크리스마스 때까지 나가지 못할 수 있으므로 그에 대비하라"고 조언했다고 한다.

스톡데일 패러독스*는 스스로의 삶을 이끄는 경우든, 다른 사람들을 이끄는 경우든, 위대함을 창조하는 모든 이들의 특징이다.

그에 앞서 혹독한 나치 수용소 생활을 견뎌낸 빅터 프랭클도 그랬듯이, 스톡데일 장군은 포로수용소에서도 원대한 미래의 꿈을 가꾸었으며 그와 더불어 현실의 냉혹함도 직시하고 있었다.[12]

이 이야기는 《좋은 기업을 넘어, 위대한 기업으로(Good to Great)》의 저자 짐 콜린스가 위대한 기업의 공통점을 찾는 과정에서 발견해낸 사실이다. 그는 스톡데일 장군과의 대화를 잊지 못했다.

결국 자아실현자들의 공통점은 스톡데일 장군이나 빅터 프랭클이 그랬듯이 **"역사상 위대한 인물들은 단순히 생존하기 위해서 살아간 것이 아니라, 위대한 일을 해내리라는 확고부동한 믿음으로 살아갔다. 그러면서도 결코 눈앞에 닥친 냉혹한 현실을 회피하지 않고 냉혹한 자기 규칙에 따라 삶을 영위했다"**는 것이다.

우리의 꿈도 이와 같다. 크고 원대한 꿈을 가슴에 품되 냉혹한 현실을 결코 무시해서는 안 된다. 꿈은 원대하게 가지되, 목표 달성을

스톡데일 패러독스(Stockdale Paradox)

아무리 어려워도 결국 성공할 것이라는 믿음을 잃지 않는 동시에, 그게 무엇이든 눈앞에 닥친 현실 속의 가장 냉혹한 사실들을 직시하는 것을 말한다.

위한 징검다리로 현실적이고도 세부적인 실천사항을 마련하고 실행해나가야 한다.

비전을 좀 더 가치 있고 멋있게 포장하라

저가 화장품 브랜드인 '미샤' 나 '더 페이스 샵' 의 성공요인은 무엇일까? 물론 아직 이들 회사의 성공 여부를 가늠하기는 불투명하다. 기업의 성공 여부를 짧은 시간으로 판별하기는 힘들기 때문이다. 그러나 화장품 시장의 초기 진입에 있어서만큼은 성공한 것이 확실하다.

그렇다면 이들의 시장진입 성공요소는 무엇일까? 여러 가지 성공요인이 있겠지만 그 중에 하나가 광고와 포장이 아닐까 싶다. TV를 통한 이미지 광고도 많이 할 뿐만 아니라 싸구려 화장품이라는 느낌이 들지 않도록 세련되게 포장하는 것이다.

가격의 거품은 빼면서도 그러한 상태를 유지한다는 것은 말처럼 쉬운 일이 아니다. 하지만 그로 인해 고객이 느끼는 브랜드 인지도와 호감도가 올라가는 것이다.

비전 역시 좀 더 가치 있게, 좀 더 보기 좋게, 좀 더 듣기 좋게 포장할 필요가 있다. 남에게 보여주기 위해서 좋게 포장할 뿐만 아니라 스스로도 만족스럽게 느끼기 위해서 포장을 해야 한다.

자신이 세운 비전을 스스로 보고도 세속적이거나 상업적으로 느

껴진다면 그 꿈을 긍정적으로 성취해나갈 수 있을지 의문이 들 것이다. 우리가 세운 비전은 살아가면서 수백, 수천 번을 읽고 가슴속에 새겨야 될지도 모른다. 부끄럽다 생각하지 말고 좀 더 멋지고 가치 있게 자신의 비전을 포장해보자.

문서화, 영상화, 심상화하라

비전의 문서화에 대한 중요성은 수십 번을 강조해도 결코 모자라지 않는다. 다만 짧은 비전의 기록만으로는 구체적인 실행계획을 잡기가 어려울 것이다. 그럴 때는 인생 설계도를 별도로 그려보는 것이 아주 유용하다.

미래의 이력서를 미리 작성해보는 것도 좋다. 취업하기 위해서 쓰는 것이 아니라 자신에게 보여주는 성공의 증표로 미래 이력서를 써보는 것이다.

예를 들어 기획, 영업, 마케팅 부서를 거쳐서 경영자로 도전하겠다는 식이다. 또는 인사, 교육, 전략기획 부서를 거쳐서 10년, 20년 후에 인력개발 전문가로 활동하는 모습을 기록하는 것이다.

비단 직업뿐만 아니라 미래의 꿈, 능력, 성취 등 하고 싶은 일을 마치 다 이룩한 것처럼 기록해본다. 물론 개인적이고 가정적인 일들도 포함될 수 있을 것이다.

미래 이력서를 기록하고 자신의 꿈을 그대로 성취한 모델이 있다. 우리 민족의 불운한 역사인 한국전쟁을 겪으면서 극적으로 살아난 젊은 날의 이원설은 20대에 미래 이력서를 작성했다. 그는 자전적 소설 《50년 후의 약속》에서 다음과 같이 회상하고 있다.

나의 미래 이력서에 의하면, 나는 1960년에 박사학위를 받는 것으로 되어 있었다. 비록 1년 늦었지만 그 비전은 실제로 성취되었다. 나는 34세에 한국 문교부의 고등교육국장이 되었으며, 39세 되던 1969년부터 이미 단과대학 학장으로 일하기 시작했다. 그리고 51세에 경희대학교 부총장이 되었고, 54세에는 다른 종합대학의 총장이 되었다. 내가 글로 적은 비전보다 여러 해 앞당겨진 것이다.[13]

이와 같이 미래 이력서는 막강한 힘을 발휘한다. 자신이 기록했던 일들이 모두 이뤄지는 기적을 일으킨 것이다. 적기 싫어서 억지로 적은 이력서가 아니라 꿈의 실현이 담긴 미래 이력서를 즐겁게 작성해보기 바란다.

문서화와 더불어 자신이 꿈꾸는 삶의 모습을 영상화된 이미지나 사진을 활용해서 눈에 보이는 곳곳에 붙여두는 것도 좋은 방법이다. 책상, 서재, 방문, 냉장고 등에 코팅이나 액자 형태로 붙여두거나 가지고 다니면 언제든지 쉽게 볼 수 있다.

심지어 어떤 사람은 침대 위 천장에 붙여두고 날마다 본다고 한다. 사진이나 이미지로 멋진 집이나 자동차 등을 붙여둬도 좋다. 물질적인 것이 꼭 속된 목표는 아니다. 원대한 비전으로 가는 하나의 자기 보상적 상품이 될 수 있기 때문이다. 이미 자신이 원하는 꿈을 성취한 사람들이 살아가는 모습을 담은 사진을 자주 보는 것도 좋은 방법이다.

이렇게 문서와 시각화로만 그칠 것이 아니라 자신의 마음속에 심상화(心想化)하는 것도 필요하다. 목표를 달성했을 때의 감정을 미리 느껴보라. 목표를 달성하기 위한 실현과정을 좀 더 구체적으로 마음속으로 그려보라.

정신과 의사이자 심리학자이기도 한 맥스웰 몰츠는 농구선수를 대상으로 50%의 선수는 실제로 자유투 연습을 하도록 하고, 나머지 50%의 선수는 자유연상법을 통한 연상훈련만으로 자유투 연습을 하도록 하는 실험을 진행했다.

그런데 놀랍게도 연상훈련을 받은 선수들이 더 높은 자유투 성공

률을 나타냈다고 한다. 실제로 우리나라 양궁선수들도 이러한 연상 훈련을 받는다고 한다. 스포츠 분야에서 뛰어난 선수들은 이미 연상 훈련법을 스스로 익힌 사람들이며, 이러한 성공사례는 넘쳐난다.

스포츠뿐만 아니라 다른 모든 분야에서도 연상훈련이 적용된다. 국제적으로도 인정받았던 우리나라 영화 〈올드보이〉에서도 이 연상법이 조금은 폭력적으로 활용된다.

주인공 오대수(최민식 분)는 이유도 모른 채 사설감옥에 15년간 갇혔다가 풀려난다. 어느 날 거리에서 깡패들과 마주하면서, 그 동안 복수를 다짐하며 훈련한 자신의 가상훈련이 통용된다는 것을 알게 된다.

우리도 이러한 연상법을 활용할 수 있다. 만일 당신이 성공한 강연자가 되고 싶다면 여러 사람 앞에서 강연하며 관중들로부터 뜨거운 박수세례를 받는 모습을 상상해보라. 미래의 비전을 생생하게 꿈꿔보는 것만으로도 당신은 무척 흥분될 것이다.

존경, 명예, 부, 다이어트 등 당신이 꿈꾸는 목표를 성취한 모습을 시간 날 때마다 연상하고 확고하게 그 꿈을 믿어라. 어느새 현실화된 자신의 모습을 볼 수 있을 것이다. 날마다 자신이 성취한 미래의 현실을 생생하게 그려라.

스마트한 행동계획을 수립하라

비즈니스 현장에서는 흔히 '스마트(SMART) 전략을 구사하라'는 표현을 자주 사용하곤 한다. 여기에는 이중적인 의미가 내포되어 있는데, 하나는 현명하게 일하라는 것이다. 무작정 열심히 일에만 매달릴 것이 아니라, 목표 달성을 위해서 성과를 낼 수 있도록 보다 현명하게 일하라는 차원에서 사용된다.

두 번째 의미는 SMART의 이니셜에 내포되어 있다. 업무를 처리할 때 **'모호한 계획이나 목표가 아니라 구체적이어야 하고(Specific), 목표의 결과가 측정 가능한(Measurable) 것이어야 하며, 현실과 너무 동떨어진 것이 아니라 성취 가능한(Achievable) 것이어야 한다. 또한 현재보다는 미래 지향적이고 결과 지향적인(Result-oriented) 것이어야 하며, 무엇보다 마감시한(Time-bounded)이 설정되어 있어 구**

체적인 기간 내에 완수할 수 있도록 일을 처리해야 한다'는 뜻을 담고 있다.

다음은 한 영업사원의 스마트(SMART)한 비전의 샘플이다.

나는 1998년 1년 동안에 친구, 친척, 선후배 등 가까운 사람들에게 하루에 다섯 통씩 연간 1,825(365×5)통의 안부전화를 걸 것이다. 이 목표를 달성하면 타산적이고 자기 중심적으로 흐르던 나의 단점을 보완할 수 있을 것이다.

또 전화를 걸어서 가까운 사람들의 소식을 듣고 그 자체를 즐길 것이며, 기회영역, 활동영역 또한 한층 넓어지고, 다른 사람을 배려하는 성품도 길러질 것이다. 그러다 보면 분명 의외의 유력한 협력자도 만날 수 있을 것이다. …… (중략)

위의 비전은 무작정 매출을 많이 올린다거나 대인관계를 개선한다는 추상적이고 모호한 말을 사용하지 않고, 대신 전화를 건다는 구체적인(Specific) 행동을 제시하고 있다. 그리고 1,825통이라는 측정 가능한(Measurable) 숫자를 사용해서 매일 하루 5통씩 전화를 하겠다고 말한다.

또한 목표 달성 여부도 타인에 의지하거나 타인에 매달리는 것이 아니라, 전적으로 자신의 노력에 의해 달성 가능한(Achievable) 상태로 작성되어 있다. 게다가 전화 그 자체를 즐길 뿐 아니라 다른 사람도 배려하면서 활동영역을 넓혀나겠다는 분명한 결과를 지향하고

(Result-oriented) 있다.

마지막으로 1,825통의 전화를 단순히 걸겠다는 것이 아니라 1년 이내에 건다는 시한까지 정확하게 설정(Time-bounded)하고 있다.[14]

이 비전은 굳이 거대한 비전이 아니더라도 전화하는 작은 일조차 충분히 가치 있는 비전이 될 수 있다는 점을 보여주고 있다.

우리가 정녕 비전을 가진 사람이라면 개인적인 가치관과 인품, 건강의 영역뿐 아니라 자신의 사회적인 전문분야와 업무처리에 이르기까지 모든 영역에서 이와 같이 스마트한 목표를 세우고 실행해야 할 것이다. 아무리 원대한 비전을 세웠다 하더라도 그것을 행동으로 옮기지 않는다면 아무 소용이 없는 구호로 그칠 수 있기 때문이다.

비전을 공표하라

마지막으로 비전은 비밀스럽게 혼자만 간직하는 것이 아니라는 점을 말하고 싶다. 비전은 다른 사람과 더 많이 공유하면 할수록 성취할 확률이 더욱 높아지기 때문이다.

무엇보다 먼저 자기 내면의 자아(自我)와 비전을 공유하라. 그러기 위해서는 매일 아침 일어날 때마다 자신의 비전을 떠올리고 마음속으로 다짐하라. 물론 소리 내어 외쳐도 좋다.

가족과 사랑하는 사람들에게 자신의 비전을 이야기하고 조언을 구하라. 가까운 사람들에게는 더욱 쑥스러울 것이다. 그렇지만 초등학

교 친구에서부터 대학 친구에 이르기까지 모든 친구들에게 이야기하라. 학교나 모임의 선후배에게도 자신이 세운 비전을 이야기하라.

그런 다음 직장동료, 상사, 부하직원에게도 비전을 공표하고 공유하라. 사회에서 만나는 모든 사람들에게 자신의 비전을 말하라. 앞에 나서서 이야기할 기회가 올 때마다 자신의 비전을 공공연하게 공표하라. 자신을 소개할 기회가 있을 때마다 자신의 비전을 떠벌려라.

처음에는 그렇게 말하고 다니는 것이 마치 엉뚱한 몽상을 떠벌리고 다니는 것처럼 부끄러운 마음이 들 수도 있다. 그러나 오래 지나지 않아 자신이 말로 내뱉은 비전을 이루기 위한 습관이 자리 잡을

것이다. 게다가 짧은 시간 내에 당신이 말한 비전을 성취한 모습을
보고 모두들 깜짝 놀랄 것이다.

당신의 마음에서 우러나온 비전은 자신을 감동시키고 다른 사람을
감화시켜나갈 것이다. 당신의 비전이 당신의 생각을 사로잡을 것이고,
그 생각은 신념으로 강해질 것이며, 그 신념으로 새로운 습관이 자리
잡게 될 것이다. 그 습관은 잘못된 행동을 교정하고 당신이 원하는 꿈
을 현실로 만들어줄 것이다.

Review check

1) 내 삶의 비전은 올바른가. 나는 지금 올바른 방향으로 나아가고 있는가.

2) 내가 수립한 비전을 바라보면 가슴이 설레고 두근거리는가. 왜 그런가, 아니면 왜 그렇지 않은가.

3) 내가 현재 가지고 있는 재능은 무엇인가.

4) 냉혹하게 바라봐야 할 나의 현실은 무엇인가.

5) 날마다 떠올릴 나의 미래 모습은 어떤 장면인가.

6) 나의 비전을 다른 사람이 알고 있는가. 공표전략을 세워라.

우리가 올바른 방향으로 계속 나아간다면 추구하던 목표를 이루는
것은 물론이고, 그것보다 더 큰 것을 얻게 될 것이다.

— 앤서니 라빈스, 동기부여가

3부
우주에 영향을 미치자

– 비저너리들의 생명력 있는 비전

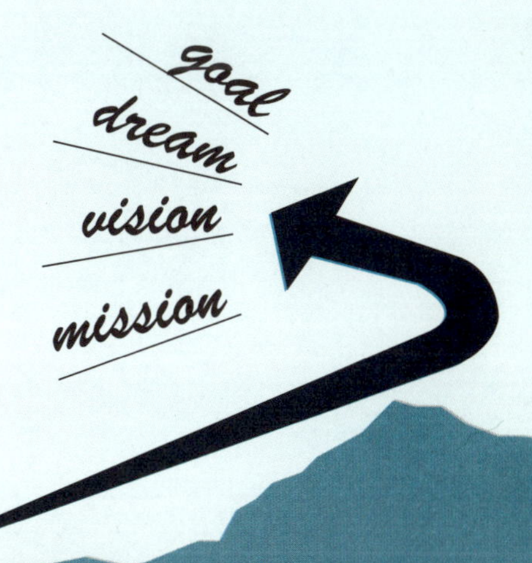

그도 하고 그녀도 하는데, 왜 나라고 못 하겠어?

(He can do, She can do, Why not me?)

-김태연 회장, TYK 그룹 총수

part 6

비전을 향해 나아간 비저너리들

인류의 역사는 실현 불가능해 보이는 일들에 용기 있게 도전해 역사를 창조해낸 비저너리(Visionary)들의 힘에 의해서 성장했다.

보통 사람들은 조금만 어려움이 닥쳐도 엄살을 떨지만, 비저너리들은 어려운 일이 닥칠수록 오히려 그러한 상황을 즐기고 난관을 돌파하려고 애쓴다.

평범한 사람들은 일상의 안위에 편히 쉬려 하지만, 비저너리들은 안정된 위치에서도 분연히 일어나 어려운 길을 선택한다.

수많은 비저너리들의 꿈으로 인해서 우리 인류는 발전해왔다고 말해도 과언이 아닐 것이다. 물론 히틀러와 무솔리니처럼 잘못된 비전을 가지고도 스스로 비저너리라고 외친 이들도 있었다. 그러나 그들은 진정한 의미의 비저너리가 아니었다.

비저너리들은 삶의 방식이나 일하는 방식도 일반인들과는 달라서 괴짜로 불리기도 한다. 하지만 그들은 사람들의 권익을 무자비하게 해치지 않았다는 점에서 히틀러와 무솔리니와는 다른 면을 보인다.

그들은 유토피아와 같은 꿈꾸는 세상을 원했던 것이다. 당신은 황홀한 꿈을 먹고 사는 비저너리로 살아가길 원하는가, 아니면 편안하게 안주하면서 비전 없이 살아가길 원하는가.

고대 중국 노나라의 공자는 유교(儒敎)의 시조로서 동양에서 뿐만 아니라 세계적으로도 널리 알려진 현자(賢者)다.

그는 인(仁)*을 바탕으로 이상적인 정치를 구현하고자 하였다. 그러나 자신의 국가인 노나라에서 뜻을 펼치지 못하고 전국을 15년간 배회하며 그 뜻을 펼치고자 했다. 하지만 노년까지 자신의 꿈을 완성하지 못한 채 노나라로 되돌아와야만 했다.

결국 이상정치 실현이라는 자신의 비전은 실패했다. 하지만 자로, 안회, 증자와 같은 뛰어난 제자를 비롯해 3,000여 명의 제자들에게 학문을 전수하는 위대한 교육자로서 자리매김했다.

결국 자신의 첫 비전에는 실패했지만, 더욱 원대한 비전을 성취한 역사적 인물로 길이 남게 된 것이다.

이와 달리 우리나라 고려시대의 정도전은 새로운 왕조 창설이라는 자신의 비전은 성취하지만, 오히려 처참하게 살육당하며 역사의 뒤안길로 사라지는 듯했다. 그러나 그의 개혁적인 혼(魂)은 사라지지 않고 지금까지 우리에게 전해 내려오고 있다.

비저너리들은 이렇게 자신의 비전이 성공하든 실패하든 개의치 않고 목숨을 걸고 전력을 다해 달려왔기에 역사에 길이 살아남게 되

용어정리

인(仁)

유교 사상의 가장 중심 되는 덕목으로 어짊, 도덕, 사랑, 동정심 등의 폭넓은 뜻으로 해석된다. 공자는 '효제(孝悌)는 인의 근본이다' 라고 강조하며 가족간에 우러나오는 자연스러운 사랑을 강조했다.
원래 '仁'자는 등에 짐을 진 사람을 의미했다. 따라서 인이란 '다른 사람을 사랑하는 것' 이라 하여 사랑을 바탕으로 삼은 조화된 정감(情感)에 의거한 덕을 말했다. 그러한 덕을 가까운 가족에서 비롯하여 멀리까지 미치게 함으로써 국가, 사회의 평화까지 얻을 수 있는 것이라고 한다.

는 것이다.

이렇게 역사상 위대한 발전을 일군 수많은 비저너리들이 있지만 가능한 한 현대를 살아가고 있고 현대사에 가까운 비저너리들의 이야기와 교훈을 모아보았다.

비저너리들의 삶과 그들의 구체적인 비전은 다음 파트에서 다뤘다. 부록에 있는 유명인의 비전과 악인의 비전을 통해서 그들의 사례를 좀 더 엿볼 수 있을 것이다.

피터 드러커는 젊은 날에 비전 없는 평범한 청년이었으나, 작곡가 베르디의 가르침을 교훈삼아 인간의 나약함을 뛰어넘어 완벽에 도전하여 현대 경영학의 대부로 우뚝 선다.

젊은 시절 평범한 신출내기 기자였던 나폴레온 힐은 모든 사람이 성공할 수 있는 법칙을 연구하기 위해서 무보수로 평생을 연구에 전념한다.

오로지 신을 향해 달려왔던 젊은 날의 지승룡 소장은 이혼으로 목회에서 쫓겨나 어둠에 갇히지만, 도시인의 문화공간 창조라는 새로운 비전으로 어둠을 뚫고 나온다.

김태연 회장은 150cm의 단신에 수많은 핸디캡을 가지고도 강력한 신념으로 미국 사회에서 거대한 거인으로 우뚝 섰다.

비록 접시를 닦더라도 모든 정성을 기울였던 이상정 씨는 요리명장으로 대학교수가 된다.

스물한 살의 어린 나이에도 불구하고 성공학에 눈을 뜬 김경남 씨는 행복전도사라는 새로운 비전으로 젊은 날을 개혁해나간다.

　개국공신으로 조선 500년 역사의 기초를 다듬었던 삼봉 정도전은 비참하게 최후를 맞이하지만, 그의 역사의식은 현대를 살아가는 우리에게도 살아 숨쉰다.

나약함을 뛰어넘어 완벽에 도전한 사나이

젊은 날에 완벽함에 이르는 비전을 세웠던 경영학의 대부 **피터 드러커**

'경영학의 아버지', '지식인의 아버지' 라고 불리던 피터 드러커 교수. 95세의 고령으로 죽는 날까지 저술과 강연, 컨설팅으로 왕성하게 활동했던 경영학의 구루(guru : 인도말로 원래 '무겁다' 는 뜻이었으나, '존경받는 인물' 이라는 뜻의 극존칭으로 사용됨).

　그는 살아 있는 동안 30여 권의 명저를 발간하며 탁월한 필력으로 실제적인 경영지식을 전파하고자 노력했다. 또한 GM을 비롯한 수많은 기업 컨설팅과 마셜 플랜 등의 국가적인 정책에도 자문 역할을

해왔다.

경영적인 측면에서 인간의 역할과 기업의 사회적 책임을 강조했다. 또한 경영은 누구나 배워야 되는 일반교양이라고 주장하며 경영 개선 활동에 누구보다 앞장섰던 드러커 교수. 그래서 그를 '현대 경영학의 창시자'라 부르길 주저하지 않는다.

하지만 그 역시 젊은 날부터 비전이 확고했던 것은 아니다. 젊은 날의 드러커는 부모님의 성화로 독일 함부르크 대학의 법학과에 입학한다. 하지만 대학공부에는 관심을 두지 못하고 면제품 수출회사의 견습공으로 일하며 하루하루를 즐기면서 비전 없이 살아가는 평범한 청년이었다.

가난해서 좋아하는 오페라 표조차 구입할 여유가 없었다. 그래서 공연 전까지 표가 팔리지 않으면 대학생에게 무료로 제공되는 공연을 즐기곤 했던 젊은 드러커. 그는 그렇게 우연찮게 이탈리아의 위대한 작곡가 주세페 베르디의 오페라 〈폴스타프(Falstaff)〉를 관람하게 된다.

■ 일생 동안 완벽에 도전한 베르디와 드러커

음악적 소양이 있었던 그인지라 베르디의 생생하고 활기찬 오페라를 듣고 곧바로 매료된다. 베르디에게 관심을 가지고 그에 대한 정보를 찾던 중 이 작곡가가 이미 여든 살의 고령이라는 사실을 알고 깜짝 놀란다. 당시 평균 수명이 50대였으니 놀라지 않을 수 없었을 것이다.

게다가 당시 드러커가 고등학교를 갓 졸업한 겨우 18세의 어린 나이였기에 더욱 격세지감의 느낌이 들었을 것이다. 그로서는 감히 상상할 수 없는 고령의 노인이 그 엄청난 열정적인 오페라를 작곡했다는 것이 믿어지지 않았다.

특히 한 언론기자가 베르디에게 고령의 나이에도 불구하고 왜 힘든 오페라 작곡을 계속하느냐고 묻자 베르디가 답변한 내용을 보고 전율을 느낀다.

"음악가로서 나는 일생 동안 완벽을 추구해왔다. 완벽하게 작곡하려고 애썼지만, 하나의 작품이 완성될 때마다 늘 아쉬움이 남았다. 때문에 나에게는 분명 한 번 더 도전해볼 의무가 있다고 생각한다."

드러커는 살아가면서 평생토록 베르디의 이 말을 잊은 적이 없다고 한다. 그는 당시 불투명한 미래에 한치 앞을 내다보지 못하고 살아가는 평범한 청년이었지만 앞으로 살아가면서 베르디의 교훈을 평생의 길잡이로 삼겠다고 굳게 다짐한다.

"나는 앞으로 무엇을 하든지 간에 베르디의 그 교훈을 인생의 길잡이로 삼겠다고 결심했다. 나이를 먹더라도 포기하지 않고 계속 정진하리라고 굳게 마음먹었다. 살아가는 동안 완벽은 언제나 나를 피해 갈 테지만, 그렇지만 나는 또한 언제나 완벽을 추구하리라고 다짐했다."

비전은 도저히 불가능해 보이는 일들을 이뤄낸다. 스무 살도 되지 않은 젊은이에게 어떻게 인생을 살아가야 하는지 알려주고 꺼지지 않는 불길로 삶의 길을 안내해준다.

비전은 인간의 나약함을 뛰어넘어 완벽함에 도전하는 용기까지 불어넣어준다.[15]

성공법칙을 알아내기 위해 20년을 바친 사나이

20여 년간 성공한 사람을 연구한 **나폴레온 힐**

똑딱 똑딱…… 초시계가 흘러가고 있다. 마주앉은 두 사람 사이에는 조용한 침묵이 흐르고 있다. 그러던 어느 순간 젊은 사내가 침묵을 깨고 "네, 알고 싶습니다. 한번 해보겠습니다"라고 우렁차게 말한다.

그러자 나이가 지긋해 보이는 중년 신사가 "그럼 알려주지. 만일 자네가 3초만 늦었더라면 난 계약하지 않았을 것이네" 하면서 이야기를 꺼낸다.

이 장면은 철강왕 앤드류 카네기와 신출내기 기자 시절의 나폴레온 힐이 마주앉아 이야기를 나눈 유명한 일화이다.

"부자인 채로 죽는 것은 수치"라고 말했던 카네기. 그는 인생의 전반부에 막대한 부(富)를 축적했다. 하지만 그의 말처럼 인생의 후반부에는 자신이 이룬 모든 재산을 사회복지를 위해서 투자하며 부의 분배를 실천했다.

그는 카네기 공과대학을 설립하고 교육진흥재단, 각종 평화재단 건립 등에 전 재산의 90%를 환원했다. 또한 미국인들을 위한 공공도서관을 2,509개나 설립했다. 그 덕분에 가난한 사람들도 쉽게 책을 접할 수 있게 되어 미국의 공공교육에 지대한 공헌을 했다는 찬사를 받았다.

그의 자서전 제목처럼 그는 정말이지 '성공한 CEO에서 위대한 인간으로' 모범적인 삶을 살아간 위대한 인물이다.[16]

그런 카네기에게 20대의 젊은 청년 나폴레온 힐이 인터뷰를 하러 왔다. 카네기는 원래 30분 정도의 짧은 시간으로 인터뷰를 마치려고 했다고 한다. 그러나 나폴레온 힐의 사람됨을 알아보고 그날 오후의 모든 일정을 취소했다. 그리고 자신의 삶과 생각에 대해서 청년에게 밤새도록 이야기를 풀어놓았다. 카네기는 마지막으로 제안을 하나 했다.

카네기 : 자네 말이야, 내가 성공했다고 생각하는가?

힐 : 네, 물론이죠. 카네기 사장님처럼 경제적으로나 사회적으로나 성공한 사람은 드물죠.

카네기 : 그렇다면 말일세. 자네, 성공하는 방법을 알고 싶지 않은가?

힐 : 네, 물론 알고 싶고말고요.

카네기 : 자네가 마음에 들어서 그 방법을 하나 알려줄까 하네. 그런

데 말이야. 그 일이 10년 걸릴지, 20년 걸릴지 몰라. 게다가 보수는 없네. 그래도 해볼 생각이 있나? 그 정도 각오가 되어 있다면, 내가 이야기해줌세.

힐 : …….

■무보수로 일해 천만장자가 된 나폴레온 힐

나폴레온 힐의 침묵이 무겁게 흘렀다. 한편 카네기의 초시계가 똑딱거리기 시작했다. 카네기에게는 철학이 하나 있었는데, 중요한 협상에서 상대편이 30초 이내에 응하지 않으면 협상을 하지 않는다는 것이었다.

카네기는 습관적으로 자신의 초시계를 바라보고 있었던 것이다. 두 사람 사이에 계속 침묵이 흘렀다. "네, 알고 싶습니다. 해보겠습니다"라는 젊은이의 이야기를 듣고 바라본 카네기의 초시계는 정확히 27초를 가리키고 있었다고 한다.

> 카네기 : 자네가 성공하는 방법은 성공한 사람들을 만나서 그들을 연구하는 거야. 그들의 이야기를 모아서 일반인들에게 알려준다면 아주 좋을 것 같아.

만일 당신이라면 이 순간 어떻게 하겠는가? "에게, 고작 그거야. 그깟 일로 20년이나 무보수로 일하란 말이야, 정말 이 영감이 나이 들어 노망이 났나" 하는 불평을 할지도 모를 일이다.

하지만 나폴레온 힐은 카네기의 제안에 따라 20여 년간 성공한 사람들을 조사한다. 그 연구 결과를 바탕으로 '성공학(Science of Success)'이라는 말을 처음으로 만들어내고 성공법칙에 대한 내용을 담은 《생각하라! 그러면 부자가 되리라(Think and Grow Rich)》라는 책을 저술한다.

이 책은 무려 2,000만 부가 넘는 초대형 베스트셀러가 되어 지금까지 전 세계인들이 애독하고 있다. 그는 무보수로 오랜 세월을 일했지만 결국 천만장자가 된 것이다.

비전의 힘이 실로 놀랍지 않은가. 평범한 젊은이를 성공학의 대부로 만든 것이 바로 비전의 힘이다. 우리는 흔히 당장 눈에 보이는 이

익에만 매달리기 일쑤다. 그렇다면 다시 한 번 생각할 필요가 있다.

원대한 꿈을 이루기 위해 좀 더 인내하면서 자신을 위해, 타인을 위해 앞으로 힘차게 나가자. **비전은 평범한 사람도 원대하게 변화시키는 힘이 있다.**

목회에서 쫓겨나 도시인의 문화전도사로

외로운 도시인을 위한 감성 전도사, 민들레영토의 **지승룡** 소장

명동에서 컨설팅할 일이 있어 몇 분과 미팅을 하려고 하는데 마땅한 공간이 떠오르지 않았다. 그래서 젊은 직원들에게 물어보았더니 '민들레영토'를 추천하는 것이었다. 어렴풋이 독특한 문화공간이라는 이야기는 들은 적이 있는데, '이 참에 잘 됐다. 한번 가보자' 하는 생각이 들었다.

사전 예약을 해야 한다고 해서 며칠 전에 전화 예약을 했다. 약속 당일 명동에 도착했지만 지리를 몰라서 헤매고 있었다. 나이 드신 분들은 모르겠다 싶어, 지나가던 대학생인 듯 보이는 일행에게 길을 물었다.

한 사람이 "민들레영토요? 잘 모르겠는데요"라고 대답했다. 그러자 바로 옆에 있던 친구가 "아, 민토요!" 하고 말하면서 위치를 자세히 알려주었다. 마치 신전을 알려주는 듯한 느낌으로 친절하게 알려주는 것이었다. 그러자 모르겠다고 대답했던 사람이 "민토가 뭐야?"라고 친구에게 질문하는 소리가 들렸다.

나에게 길을 알려줬던 친구가 목소리를 크게 내면서 "너, 민토 몰라. 민들레영토 말이야. 민들레영토라는 곳은……" 하면서 소리가 멀어졌다.

그렇게 민들레영토를 들어서는데 이니니디를끼 정말 십수 명이 줄을 서서 기다리고 있었다. 커피숍 형태의 미팅 공간이라고 들었는데, '줄을 서서까지 기다리고 있다니, 어리석은 시간낭비가 아닐까' 하는 생각이 들었다.

한편으로 멋스런 입구가 마음에 들었다. 공간 안으로 들어서자마자 아늑함과 고풍스러우면서도 밝고 이국적인 분위기가 풍겼다. 더불어 유럽풍의 옷을 입고 양 손을 흔들며 반갑게 맞아주는 도우미들을 보면서 마치 동화 속에 들어온 듯한 느낌으로 빠져들었다. 그제야 사람들이 기다리는 이유를 알겠다는 생각이 들었다.

그렇게 즐겁게 미팅을 한 후에 더욱 더 민들레영토라는 곳에 호기심이 발동했다. 그러던 차에 리더십센터 주관으로 민들레영토 지승룡 소장의 강연이 있다는 말을 듣고 그 자리에 참석하게 되었다.

"안녕하세요. 다방 마담 지승룡입니다"라고 해맑게 자신을 낮춰 소개하면서 강의가 시작됐다.

■ 어려울수록 더 좋은 기회의 문이 열린다

그는 원래 목회자였다고 한다. 성직자의 길 외에는 아무것도 생각하지 않고 한 길로만 달려왔던 것이다. 하지만 이혼한 후에 그의 인생이 송두리째 달라졌다. 결국 목회에서 쫓겨난 그는 좌절과 방황으로 헤맨다.

생활도 궁핍해져 쪼들리자, 이젠 남을 위로해줄 처지가 아니라 오히려 자신이 도움을 구하는 절박한 처지가 되었다며 신세를 한탄했다. 그때 그가 발견한 탈출로는 책이었다. 그렇게 3년 동안 집 안에 틀어박혀 생활하면서 무려 2,000여 권의 책을 읽었다고 한다.

그러던 어느 날 새로운 일을 구상하느라 인사동의 한 카페를 찾았는데 오래 앉아 있다고 거의 쫓겨나다시피 했다고 한다.

이때 지승룡 소장은 '외로운 도시인들을 위해서 고향의 집과 같은 아늑함을 느낄 수 있는 도시 속 휴식공간을 만들어야겠다' 라는 비전을 세웠다고 한다.

그는 "가장 안 좋을 때가 가장 좋을 때다"라고 말한다. 정말 공감이 가는 말이다. 어려울수록 더 좋은 기회의 문이 열리기 때문이다.

지승룡 소장은 시종일관 조용하고 차분하게 말했지만 유머도 있고, 열정도 있고, 가슴을 흔드는 감동도 있었다. 지 소장이 들려준 재미있는 이야기 하나를 소개하고자 한다.

그는 찾아온 손님과 대화 나누는 것을 좋아한다고 한다. 그런데 손님들이 자신의 얼굴에 새겨진 점에 대해 이야기하는 경우가 많아 대화에 방해가 되어 점을 뽑기로 했다고 한다. 무려 113개의 점을 뽑았는데 그는 얼굴로 아기를 낳은 느낌이었다고 표현했다. 살이 타는 느낌이었지만 고객을 생각하면서 참았다고 한다. 고객을 위해서 전깃불로 얼굴을 지진 사람은 자신밖에 없을 것이라는 유머까지 던졌다.

■ 어머니의 마음으로 고객을 대한다

지승룡 소장은 최근에 많은 CEO들이 고객만족 경영을 중시하고 있다고 말한다. 그만큼 소비자의 마음과 감성을 터치하는 것이 중요하다는 것을 느끼게 되었기 때문인 것 같다고. 이는 좋은 현상이기 하지만 고객감동은 부족한 면이 있다고 한다. 그러면서 자신의 '마더 마케팅(Mother Marketing)'의 배경 이야기를 들려주었다.

목회일을 접고 다방 같은 것을 운영한다고 하니 그의 어머님께서 근심이 크셨을 것이다. 그래서 하루는 어머니가 밥상을 차려 머리에 이고 가게로 찾아왔다고 한다. 거동도 불편하신 노인이 대중교통을 이용해 먼 길까지 찾아왔을 것이라는 생각에 가슴이 메었다.

하지만 지금 가져온 그 밥을 먹으면 어머니가 다시 찾아올 것 같아서 거절했다. 그러자 어머니가 다시 식사를 권하셨다. 그는 좀 더 매몰차게 말해야겠다고 마음먹고 "도대체 왜 이런 것을 가져오셨어요. 다시 가져오지 마세요"라고 말했다.

이렇게 몇 번의 실랑이가 벌어지면서 끝내 어머니가 눈물을 흘리셨다. 불효하는 것 아닌가 하는 생각에 그는 가슴이 미어지는 느낌이었다.

　그때 어머니는 눈물을 흘리면서도 "승룡아, 그래도 딱 한 숟가락만 먹어" 이렇게 말씀하셨다고 한다. 그는 더 이상 거절하지 못하고 눈시울을 적시며 어머니가 가지고 온 밥을 다 먹었다고 한다.

　어머니가 자신을 대하듯 자신도 고객에게 그만한 정성을 들였는가 반성하는 마음이 들었다고 한다. 만일 보통 사람이 그토록 거절당했다면 누구든 모욕으로 느꼈을 것이다. 아니 어쩌면 그를 원수로 여기고 다시는 보지 않았을지도 모를 일이다.

　이러한 우리들 어머니의 절대적인 사랑에 비춰본다면 요즘 기업들이 이야기하는 고객감동 서비스 수준은 조족지혈(鳥足之血)이라고 그는 말한다. 우리의 사랑이나 관계 역시 상대적 관점에 따라서

만 움직이는 경우가 대부분이기 때문이다.

강연을 듣는 내내 '문화'와 '감성'이라는 두 코드가 내 뇌리를 맴돌았다. 그는 처음에 '도시 속에 문화공간 창조'라는 비전으로 시작했지만, 이젠 '마더 마케팅'이라는 이름으로 우리들 어머니의 감성을 살리려는 아름다운 비전을 가지고 살아가는 리더로 생각됐다.

지 소장의 사업설명회에 참석한 사람들 중에는 설명회를 의아해하는 사람도 간혹 있다. 사업설명회에 수치나 이익 등의 이야기는 전혀 나오지 않고 감성이나 문화만 언급하는 것이 이해가 안 된다는 것이었다. 이상만 앞세운 허황된 사업 같다고 말하는 사람들도 종종 있다.

일반적인 기업과는 다르게 보일지 모르지만 그의 사업은 크게 성공할 것이다. 사실 사업이라는 것이 한치 앞을 내다보기 힘들어 단정적으로 말할 수는 없다. 하지만 설령 사업적으로 실패하는 한이 있더라도 지 소장의 정신과 그가 추구하는 가치는 결코 사라지지 않을 것이다. 그래서 나는 그의 사업이 이미 성공했다고 말하는 것이다.

혹시 지금 고민과 걱정으로 번민하고 있지는 않은가? 때로는 남들은 모두 괜찮은데 자신에게만 시련이 주어진다고 좌절하는 경우도 있을 것이다.

실로 **역경이 사람을 더욱 강하게 만든다는 사실을 믿는다면 당신은 더 크게 일어날 수 있는 토대를 이미 마련한 것이나 마찬가지이다.** 어둠 속에서 환하게 비치는 당신의 비전을 잡기 바란다.[17]

핸디캡을 극복한 강력한 신념

150cm의 작은 키와 소수민족의 한계를 극복하고 성공신화를 창조한 김태연 회장

"응애, 응애." TYK 그룹 김태연 회장의 첫 울음소리였다. 지금은 미국에서 가장 존경받는 여성 CEO로 손꼽히는 그녀는 1946년 경북 김천에서 다른 아이와 같은 평범한 울음소리를 내며 세상에 태어났다.

그녀는 정월 초하루가 시작되는 밤 12시 무렵에 첫 울음을 터뜨려 온 집안 사람들에게 '세상을 흔들 장군감' 이란 기대를 심어주었다. 그러나 그러한 집안의 기대도 잠시였을 뿐. 태어난 아이가 사내가 아니라 계집아이라는 사실은 가문 전체를 발칵 뒤집어놓았다. 이후 여자라는 이유만으로 모진 시련이 시작되었다.

할아버지는 "제가 조상님들께 무엇을 잘못했습니까?"라고 외치며 탄식했다. 할머니는 "우리 김씨 집안 망했네" 하면서 부엌에서 끓이던 미역국을 솥째로 마당에 내던지기까지 했다. 그렇게 '집안을 망하게 할 아이' 라는 낙인이 찍힌 채 늘 싸늘한 시선을 받아야 했다.

특히 아버지의 지독한 냉대는 어린 마음에 지울 수 없는 상처를 남겼다. 아버지의 술주정과 할아버지의 무관심으로 인한 피해는 결국 어머니가 감당해야 할 몫이었다. 기울어가는 집안 살림을 꾸리느라 어머니의 손톱에 피고름이 맺히지 않은 날이 없었다.

그래서 어머니는 힘들 때마다 그녀를 붙잡고 "이게 다 너 때문이다. 차라리 같이 양잿물을 마시고 죽자"라는 말을 입에 달고 살았다.

"어려서부터 '넌 안 돼, 넌 재수 없는 아이야' 라는 말을 귀에 못이 박히도록 들었어요. 그때마다 마음속으로 막연하게 '왜 난 안 돼?' 라는 반문이 일었어요."

어린 김태연은 7세가 되었을 때 우연히 삼촌들의 태권도 수련을 보고 자신도 배워야겠다는 생각이 들어서 무술을 가르쳐달라고 졸라댔다.

삼촌들은 "계집애가 운동은 무슨 운동이냐. 속 썩이지 마라. 운동은 안 돼. 너는 절대 할 수 없어. 설령 한다 해도 지쳐서 못 할 거다. 집에서 살림하고 있다가 남편감 찾으면 시집이나 갈 생각해라" 하며 반대했다.

하지만 결국 그녀는 무술을 배우고 어려운 수련과정을 견뎌내 삼촌들을 놀라게 했다.

그녀는 커가면서도 계속해서 아버지로부터 냉대와 구박을 받았다. 그리고 종종 퍼렇게 멍이 들도록 손찌검을 당하기도 했다. 오직 정월 초하루에 여자로 태어났다는 이유만으로.

그러던 어느 날 커다란 파문이 일어났다. 술 취한 아버지가 그녀를 때리는 것을 본 남동생이 흥분해서 아버지의 멱살을 잡고 주먹다짐을 한 것이다. 나중에 남동생은 아버지를 때렸다는 죄책감에 괴로워하다 결국 자살을 하고 말았다.

너무도 슬프고 충격적인 일이어서 그 아픔에서 벗어나기 위해 그녀는 1968년 도망치듯 미국으로 이민을 떠났다.

미국에 와서 2년 뒤 그녀는 가정을 꾸렸다. 미국인과 결혼을 한 것이다. 남편은 한국에서 군복무를 하고 있던 중 그녀의 할아버지를 알게 된 사람이었다.

그녀는 주변 사람들의 강요 속에 얼떨결에 결혼식을 올렸다. 이제 정월 초하루에 태어난 재수 없는 계집애란 오명을 벗고 싶은 마음도 있었다. 하지만 시집 식구와 함께 산 시집살이 역시 순탄치 못했다. 인종차별에 대한 편견으로 시어머니와 두 명의 시누이가 드러내놓고 눈치를 주고 구박했다.

힘든 시집살이로 인해 그녀는 두 번이나 유산을 했다. 첫 번째 유산 때 자궁이 약하다는 진단을 받았다. 두 번째 임신에서는 무척 조심했으나, 시누이의 폭언으로 충격을 받고 유산하게 된 것이다.

그녀는 시댁에서 강아지보다 못한 존재로 생활했다고 회상한다. 그녀는 결혼생활 동안 식물인간 상태가 되기도 하고, 교통사고와 자궁종양으로 죽음의 문턱에 서기까지 했다.

■ He can do, she can do, why not me!

시댁과의 불화를 극복하기 위해 분가도 해보았지만 이미 부부 사이의 애정은 사라진 후였다. 결국 결혼 10년 만인 1980년에 이혼을 하며 불운한 생활이 계속되는 듯했다.

하지만 그녀는 이러한 모든 불운에도 좌절하지 않고 '나도 할 수 있다'는 마음으로 "He can do, she can do, why not me?(그도 하고 그녀도 하는데, 왜 나라고 못 하겠어?)"를 외치며 도전하고 또 도전하는 삶을 선택했다.

10여 년간의 갖은 고생 끝에 그녀는 미국 100대 우량 기업으로 선정된 반도체 클린룸을 제작하는 '라이트 하우스'와 6개의 기업을 이끄는 TYK 그룹의 총수가 되었고, 신화를 창조한 기업인으로 칭송받기에 이르렀다.

그녀는 텔레비전 프로그램 공급업체인 '노스스타'를 운영하면서 직접 토크쇼를 진행하기도 한다. 또한 미국 최초의 여성 태권도 8단으로 그랜드마스터에 임명되었고, 미국 서부 최대 규모의 태권도 수련원인 정수원 아카데미를 운영하고 있다. 현재는 15만 평의 대저택에서 입양한 9남매의 자녀와 함께 성공적인 삶을 살고 있다.

수많은 수식어가 김태연 회장 앞에 붙지만 무엇보다 'Can do(할 수 있다)'라는 말을 뺄 수가 없다. 수많은 어려움과 난관을 딛고 일어선 김 회장은 '나도 할 수 있다'라는 다짐을 수없이 하면서 험난한 삶의 파도를 넘어온 장본인이기 때문이다.

김태연 회장의 비전은 하나의 신념이 되어 그녀를 가로막고 있던

모든 장벽을 허물어버린 것이다.[18]

접시 닦는 일에도 정성을 다했던 요리명장

접시닦이로 시작해서 대학 강단에까지 선 이상정 교수

요즘은 먹을거리를 찾아서 먼 길을 마다하지 않고 달려가는 사람들이 많다. 핵가족화되다 보니 자연스레 가까운 곳으로의 외식도 잦은 편이다. 음식도 맛있고 서비스도 좋아서 만족하고 돌아오는 경우가 많다. 그런데 그렇지 못할 경우에는 불쾌함으로 지쳐서 돌아오게 된다.

굳이 멀리 나가는 외식이 아니어도 직장인들에게 있어 가장 고민스러운 것이 매일매일 치러야 하는 점심식사이다. 게다가 접시에 불결한 이물질이라도 담겨 나올 때는 불쾌하여 식욕이 떨어지곤 한다. 어떤 사람은 불평을 토로하지만, 대부분의 사람들은 그저 주방만 쏘아보고 만다. 어쩔 수 없이 불편한 심기를 참고 식사를 하고 나와 '다시는 오지 말아야겠다' 하고 다짐했던 경험이 한 번씩은 있을 것이다.

이러한 불성실을 극도로 싫어했던 한 접시닦이 소년이 있었다. **'요리는 예술이나 기술이 아니라 사람이 만드는 정성'** 이라고 생각했던 어린 이상정 씨는 중학교를 졸업하고, 1968년에 코스모폴리탄이란 레스토랑에서 조리 인생을 시작했다.

　3년간의 접시닦이 생활을 성실하게 마치고 이후 프라자, 리츠칼튼, 스위스그랜드 등 국내 유명 호텔의 주방에서 일하다 32년 만인 2000년 부산 메리어트 호텔 총주방장 자리에 올랐다.

　이상정 씨는 수상경력도 화려하다. 1991년 제1회 서울 인터살롱 요리 경연대회에서 금상을 받은 것을 시작으로 국내외 조리 경연대회에서 수십 개의 상을 받았다. 2002년에는 노동부에서 인증하는 조리명장으로 선정돼 조리 분야의 최고 반열에 올랐다.

■ 단순한 일상 속에 숨어 있는 귀중한 가치를 찾아라

　자기계발 역시 등한시하지 않았던 그는 조리사로 일하면서 고등학교를 졸업하고, 대학을 거쳐 대학원까지 진학해 호텔관광외식경영 석사학위를 취득했다. 그리고 관광전문대학원 박사과정까지 밟으며 이론을 병행했다.

이상정 명장의 살아 있는 경험을 높이 산 영산대학교에서 그에게 교수초빙을 요청해왔다. 그는 조리학부 교수로 임명받으면서 "현장에서 터득한 조리기술과 음식에 대한 철학을 학생들에게 전해 훌륭한 조리인을 양성하는 데 남은 생을 바치겠다"며 새로운 일에 대한 포부를 밝혔다.

이후에 이상정 교수는 부산에서 열리는 멸치축제 기간 중 멸치로 만든 이색요리를 학생들과 함께 선보였다. 멸치의 비린내를 없앤 영양만점의 멸치바비큐·멸치양념갈비·멸치해초샐러드·오색단자 등을 새롭게 만들었다. 양식 부문에서는 웰빙멸치피자·멸치김밥·멸치국수 등을 창작요리로 개발했다.

특히 베이커리 부문에서는 칼슘식빵·멸치쿠키·멸치모닝롤·멸치스틱·멸치햄거버 등을, 약선식 부문에서는 멸치와 궁합이 맞는 약초를 사용한 땅두릅꼬치구이·멸치지구자잎말이찜·감잎멸치만두·멸치죽 등을 선보였다.

어디를 가나 끊이지 않고 장인의 뜨거운 열정이 살아 숨쉬는 것 같다. 이렇듯 비전은 평범한 기술자를 한 분야의 대가로 이끄는 힘이 있다. 비전은 뜨거운 열정을 더욱 끓어오르게 만드는 에너지 동력원이다.

혹시 **당신은 지금 접시 닦는 일과 같이 재미없고 단순한 일들로 반복적인 일상을 보내고 있다고 불평하고 있지는 않은가. 단순한 일상 속의**

이면에 숨어 있는 귀중한 가치를 바라보지 못하고 살아가는 것은 아닌가. 실로 단순해 보이는 일들도 파고들면 장인이 될 수 있다는 평범한 진리를 이상정 교수의 인생에서 배울 수 있다.[19]

스물한 살에 품은 청년의 아름다운 꿈

젊은 나이에 행복전도사라는 비전을 가슴에 품은 청년 김경남

우리의 산천을 여행하다 보면 이곳저곳에 낙서가 있어 인상을 찌푸리기도 한다. 그런데 아주 옛날 사람이 한문으로 낙서한 흔적도 종종 볼 수 있다. 아테네 신전에도 곳곳에 옛사람의 낙서 흔적이 있다고 한다.

아테네 신전에 남겨진 글귀 중에 '요즘 애들은 싸가지가 없어' 라는 뜻의 라틴어 낙서가 있다고 한다. 그러고 보면 2,000년 전이나 요즘이나 마찬가지로 나이 드신 분들의 눈에는 늘 젊은이들이 버릇없는 것으로 비쳐지는 모양이다.

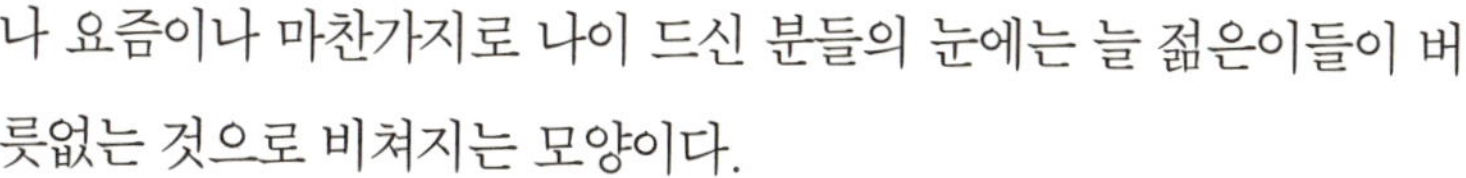

그러나 모든 젊은이들이 그렇게 우려스럽기만 한 것은 아니다. 그런 면에서 김경남 씨는 정말 싸가지(?)가 있는 젊은이다. 차분하고

조용하며 수줍어할 줄 알고, 다른 사람을 배려하고 자신의 미래를 위해 투자하는 청년이기 때문이다.

밤을 새우며 술도 마셔도 피곤하지 않을 20대 젊음. 자칫 뚜렷한 인생의 목표나 방향도 없이 방황하며 철없이 보낼 수도 있는 것이 20대 청춘이다. 하지만 행복의 의미에 대해 고뇌하고 행복이 주는 가치를 전해주고 싶다는 '행복전도사' 김경남 씨는 그런 철부지 20대가 아니다.

그는 "작은 성공이 모여 큰 성공이 되듯, 목표를 성취해나가는 과정 속에서 작은 행복이 모여 큰 행복이 된다고 믿습니다. 그래서 주위 사람들에게도 행복을 느끼게 해주고 싶어 스스로 행복전도사로 나섰습니다"라고 이야기한다.

행복전도사로서 그가 주위에서 쉽게 할 수 있는 일은 주변 사람들에게 행복을 선물하는 것이다. 단순히 말로만 행복을 전하고 나누는 것이 아니다. 남에게 필요한 도움을 주고 격려하며 배려해주는 따뜻한 말과 행동으로 행복을 전하는 것이 그가 얘기하는 행복전도다.

"10년 후에는 행복전도사 커뮤니티를 활성화해 사람들에게 진정한 나눔의 행복을 전파하는 것이 제 꿈입니다."

그가 바라보고 있는 10년 후의 모습은 인터넷 공간을 통해 보다 많은 사람들에게 행복을 전달하는 상당히 가치 있는 모습이다. 그리고 20년 후 장학재단과 성공을 위한 평생 교육기관을 만들어 행복전도사로 활동하는 원대한 꿈도 가지고 있다.

미래에 좀 더 많은 사람들에게 행복의 가치를 전하고 도움을 주는 진정한 행복전도사가 되기 위해서 사전에 준비해야 할 일들이 한두 가지가 아니라는 김경남 씨. 한때 워렌 버핏과 같은 금융 전문가를 꿈꾸기도 했다. 그러나 궁극적으로는 교육자의 꿈을 꾸고 있다.

실제로 그는 젊은 나이에 강사로 활동하기도 했다. 그러나 좀 더 지식과 경험을 갖춘 상태에서 하는 것이 좋겠다고 생각하여 기초학습을 더 다지기로 다짐했다. 그가 한 달에 읽는 책만 해도 10권 가량 된다.

■ 책이야말로 행복을 전달하는 훌륭한 매개체

"남을 도울 수 있고 보다 큰 가치를 전할 수 있는 행복전도사가 되기 위해 책도 많이 읽고 있어요. 책 속에서도 진정한 행복을 많이 느꼈거든요."

책이야말로 타인에게 행복을 전달하기 위한 훌륭한 매체가 될 수 있다는 것이 그의 생각이다.

"스스로 행복전도사로서의 자질을 갖추고 지속적으로 노력해야겠지만, 누구든 발전하지 않고 안주한다면 지금이나 10년 후나 같다고 생각해요."

그래서인지 그는 마음을 베풀고 나눌 수 있는 방법을 연구하고 있다. 자신만의 행복 채우기에 급급한 요즘, 흔치 않게 행복전도사라는 개인 브랜드를 구축하여 남을 돕고 행복의 가치를 전하고자 하는 김경남 씨.

나이트클럽에서, 당구장에서, 또는 술집을 전전하며 철없이 보내기 쉬운 20대 젊은 시절. 독자들 중에는 '나는 과연 무엇을 하며 20대를 보냈는가'라며 부끄럽게 생각하는 사람들도 있을 것이다.

김경남 씨와 같이 있으면 우리 젊은이들에게 훨씬 더 밝은 미래가 펼쳐지리라는 확신이 든다. 행복전도사 김경남 씨가 전하는 행복의 가치를 이 시대의 젊은이들에게도 전할 수 있다면 더욱 값진 미래를 펼칠 수 있으리라는 생각이 든다.

젊은이들을 경시하고 훈계하려고만 할 것이 아니다. 세대를 뛰어넘어 우리 모두 동반 성장한다는 생각으로, 함께 어울려 행복한 사회를 만들어가면 좋겠다. 행복전도사의 비전처럼 세상이 좀 더 행복해졌으면 하는 바람이다.[20]

이상적인 국가 건설의 꿈을 품은 고려의 선비

조선 건국으로 꿈을 이룬 **삼봉 정도전**

우리가 자신에 대해서 가장 오해하는 사실 중 하나가 우리 민족성에 관한 것이다. 대부분은 우리 민족이 뭉치면 서로 싸우길 좋아하고, 힘이 강한 자에게는 기대길 좋아하는 나약한 민족성을 가지고 있다고 생각한다. 그래서 우리 선조들은 끊임없이 당파싸움을 벌여왔고, 외세로부터 침략을 당하며 어쩔 수 없이 조공을 바쳐왔다고 믿고 있다.

그러나 이 같은 오해는 일제 식민사관(植民史觀)에서 비롯된 잘못된 고정관념이다. 일본이 명치유신을 계기로 우리 민족에게 문명화를 전달한다는 명목으로 한반도를 강탈하면서 시작된 한반도의 역사왜곡 작업으로 인해서 우리의 사고가 그렇게 뒤바뀐 것이다.

당시에도 우리 스스로 근대화를 취사선택할 수 있는 역량이 조선의 지식인들에게 있었다. 심지어 동학(東學 : 최제우 선생이 조선조 말에 창안한 종교로 서양의 천주교에 대비해 동학이라 칭함)을 중심으로 한 평민들에게도 민주주의에 대한 의식이 싹트고 있었던 것이다.

남북이 이렇게 오랫동안 분단에 처하는 민족적 아픔을 겪고 있는 것도 일제의 상발에 그 원인이 있다. 하지만 그보다 더한 아픔은 우리 대한의 젊은이들이 우리 민족성을 뭉치면 싸우고 강한 힘에 의존하여 살아가는 독립성 없는 민족이라고 믿는 것이다. 그로 인해 민족적 열등감과 무력감에 사로잡혀 있다는 것이 우리 민족의 뼈아픈 역사적 현실이라고 도올 김용옥은 통곡한다.

단지 일본을 비난하고자 해묵은 이야기를 끄집어내는 것이 아니다. 일본은 이미 불운한 역사를 딛고 일어서 세계적인 선진 국가가 되었다. 또한 1990년대의 장기 불황을 훌훌 털고 더욱 강력한 세계적 경쟁력을 갖추고 있다.

다만 불행한 역사로 인해 스스로 우리의 역사를 잘못 해석해 우리 민족성을 오해하고 있다는 것을 말하고자 한다는 걸 이해해주기 바란다.

우리는 지난 시대에 대해 선조들은 외세로부터의 침략에 시달리고, 벼슬아치들은 오로지 자기 이익만 챙기며, 당파간에는 정권쟁탈을 위해 피흘려온 당쟁의 역사라고 잘못 알고 있다.

우리 선비들에게는 이상국가 건설에 대한 큰 뜻이 있었으며, 정치 개혁을 위해서는 부패한 왕조(王祖)도 갈아치운다는 혁명적인 역사의식도 가지고 있었다.

또한 외적의 침입 때나 일제시대 등에도 많은 지식인들이 국난극복을 위해 앞장서서 싸웠다. 그러나 이러한 사실은 일제의 역사왜곡 작업으로 인해 우리 기억 밖으로 흩어져버렸다.

그래서 소수의 매국노 행위를 한 선비들을 마치 국가 전체의 양반이나 지식인들의 행위로 싸잡아 매도하는 경향이 있는 것이다. 여기에는 TV나 영상매체들이 우리 선비들의 지조를 무자비하게 매도한 탓도 크다.

중국의 공자는 이상국가 운영을 꿈꾸었으나 끝내 그 꿈을 이루지 못했다. 하지만 우리나라 고려시대의 정도전은 일개 신하의 처지로 부패한 왕조를 몰아내고 새로운 왕조 창설이라는 자신의 꿈을 성취한다.

서양의 마그나 카르타(Magna Carta, 1215)보다 위대한 헌법이라고 말할 수 있는 조선경국전(朝鮮經國典, 1394)의 기틀을 마련하고 500년 역사의 주춧돌을 만든다.

그러나 제1차 왕자의 난에서 이방원(이후 3대 태종으로 즉위함)에게 처참하게 살육당하며 혁명가 정도전은 역사의 뒤안길로 잊히고 말았다.

하지만 유교의 인(仁 : 어짊, 도덕, 사랑, 동정심)의 사상(思想)을 바탕으로 인본주의적 이상국가를 건설하고자 했던 혁명가적인 그의 혼(魂)은 우리 가슴에 면면이 흘러내리고 있다.[21]

　이상 일곱 명의 비저너리로부터 다음과 같은 교훈을 얻을 수 있다. 더 많은 비저너리들을 발굴하여 당신의 가슴에 강력한 비전을 아로새기길 바란다.

비저너리들이 남긴 교훈

- 인간의 나약함을 뛰어넘어 완벽에 도전하라.
- 원하는 것을 성취하기 위해서는 무보수라도 일한다.
- 어머니의 감성을 우리 민족에게 전도하겠다.
- 나에게 주어진 모든 핸디캡을 도전으로 받아들인다.
- 나에게 주어진 아주 작은 일에도 전력을 다한다.
- 젊은 나이지만 인간의 행복을 위해 행복 바이러스를 퍼트린다.
- 나라와 백성을 위해서 개인의 영욕을 뛰어넘어 이상국가를 건설한다.

Review check

1) 나폴레온 힐처럼 좋아하는 일에 평생을 투자할 수 있는가. 그 일은 무엇인가.

2) 핸디캡이 내 인생을 가로막고 있다고 생각하는가. 어떻게 핸디캡을 극복할 것인가.

3) 비전 달성을 위해 매일 다짐해야 할 마음가짐은 무엇인가.

4) 비전 달성을 위해 매일 외쳐야 할 나의 문구는 무엇인가.

5) 원대하게 뜻을 품고 보다 나은 가정, 국가, 사회, 역사를 만들기 위해 무엇을 해야 하는가.

6) 단순반복적으로 계속되는 일이 있는가. 어떻게 하면 근본적으로 개선할 수 있는가.

작게 생각하면 작은 것에 머무르게 마련이다.
— 레이 크록, 맥도날드 창설자

part 7 생명력 있는 단 한 줄의 비전

아무리 원대하고 웅대한 비전을 세우고 싶더라도 모든 메시지를 짧은 글에 명료하게 담아내지 않으면 어려움을 겪을 수 있다. 누가 봐도 자신의 비전을 쉽게 알 수 있도록 만들고, 오랫동안 변하지 않을 생명력을 불어넣어야 한다.

생명력(生命力)이란 생물체가 생명을 유지해나가는 힘을 말하는 것으로, 사물이나 현상의 본질적인 기능을 유지하는 힘을 말하기도 한다. 우리 인간의 생명력을 유지하는 중요한 수단 중 하나가 바로 비전의 힘이다.

그래서 생명력 있는 비전을 가진 사람은 자신이 원하는 꿈을 성취할 뿐 아니라 죽어서도 그 생명력을 유지할 수 있는 것이다.

킹 목사는 마치 눈앞에 생생하게 미래의 비전을 펼쳐놓은 듯 '나에게는 꿈이 있습니다' 라는 살아 있는 비전으로 역사를 변화시킨다.

빌 게이츠는 컴퓨터가 전혀 보급되지 않은 시절에 '전 세계 가정에 컴퓨터를' 이라는 아주 구체적이고 원대한 비전을 꿈꾼다.

애플의 스티브 잡스는 '우주에 영향을 미치자' 라는 엉뚱해 보이기까지 하는 도전적 비전으로 사람들을 사로잡는다.

앤서니 라빈스는 '인류의 발전을 위해 개인을 즉각적으로 변화시킨다' 는 마술 같은 비전을 그의 프로그램을 통해 실현해나가고 있다.

맥도날드의 레이 크록 회장은 '최고로 많은 백만장자를 배출하겠다' 는 비전으로 조직 구성원에게 동기를 부여한다.

도널드 트럼프는 '내 사전에 지나친 것은 없다' 라고 말하며 성공을 향해 돌진한다.

도올 김용옥 선생은 '고전의 지혜를 통해 인류의 보편적 가치를 추구한다' 라는 비전으로 끊임없이 방대한 지식을 습득하며 대한민국 사람들을 가르치고자 노력한다.

크레벤의 백기락 회장은 '성공은 도전과 열정의 결과물이다' 라고 말하며 열정을 불태운다.

인재개발 전문가 정철상도 '자신의 가치를 높이고, 타인의 가치를 높인다' 라는 단 한 줄의 비전으로 목숨이 다하는 날까지 전력을 다해서 살겠다고 다짐한다.

비저너리들은 이렇게 짧고 굵직한 생명력 있는 비전으로 그들의 메시지를 담아내고 있다. 물론 이 짧은 문장으로 그가 가지고 있는 사상(思想)의 깊이를 모두 이해하기는 어려울 수도 있다.

그러나 우리 역시 카피라이터라는 느낌으로 자신의 비전을 최대한 100자 미만으로 짧게 담아내도록 노력해야 한다. 그런 다음에 비전에 대한 세부적인 내용을 보완하고 세부적인 목표와 행동계획을 수립하면 되는 것이다.

좋은 책을 읽어도 가슴에 파고드는 '단 한 줄의 글'은 사람마다 다르다. 다음에 제시하는 비저너리들의 짧은 비전을 교훈으로 삼아 자신만의 '생명력 있는 단 한 줄의 비전'을 만들어보자. 부록에 있는 '유명인의 비전'과 '일반인의 비전'을 참조해서 보아도 도움이 될 것이다.

눈에 보이는 듯한 생생한 영상의 비전

'나에게는 꿈이 있습니다' – 마틴 루터 킹 목사의 비전

"우리는 지금 비록 역경에 시달리고 있지만, 나에게는 꿈이 있습니다. 언젠가는 조지아의 붉은 언덕에서 옛 노예의 후손들과 노예 주인의 후손들이 형제처럼 손을 맞잡고 나란히 앉게 되리라는 꿈입니다.

나에게는 꿈이 있습니다. 이글거리는 불의와 억압이 존재하는 미시시피 주가 자유와 정의의 오아시스가 되는 꿈입니다.

나에게는 꿈이 있습니다. 내 아이들이 피부색을 기준으로 사람을 평

가하지 않고 인격을 기준으로 사람을 평가하는 나라에서 살게 되리라
는 꿈입니다.

지금 나에게는 꿈이 있습니다! …… (중략)"[22]

이 연설은 킹 목사가 1963년 워싱턴에서 연설한 연설문의 일부분
이다. 그날 예정했던 연설문은 다른 내용이었으나 킹 목사는 청중
들의 마음을 좀 더 차분히 가라앉히면서도 자신의 비전을 확고히
전하고자 '나에게는 꿈이 있습니다' 라는 비전으로 연설 내용을 변
경한 것이다.

킹 목사의 비전에는 눈으로 보는 듯한 생생한 영상감이 느껴진다.

붉은 언덕, 피부색, 흑과 백 등 형형색색의 색감적인 영상과 더불어 뜨거운 숨결이 느껴진다. 인간에 대한 그의 뜨거운 사랑과 열정을 느낄 수 있게 만들어준다.

막연한 구호를 외치는 것이 아니라 비전에 대한 뚜렷한 목표를 외치고 있다. 또한 그 미래가 어떻게 펼쳐질 것인지에 대해서 생생하게 꿈을 펼쳐서 보여주고 있다. 눈을 감고도 떠오르는 생명력 있는 영상이다.

킹 목사의 비전은 인도의 비폭력 평화주의자 마하트마 간디로부터 비롯된 것이다. 간디는 무척이나 내성적인 사람이었다. 그러나 영국으로부터 인도를 해방시키는 민족의 지도자로서, 또한 역사의 큰 인물로서 우뚝 서는 위대한 모습을 보여주기에 성격이 문제가 되지는 않았다.

"누가 여러분의 뺨을 치더라도 되받아 쳐서는 안 됩니다. 누가 여러분에게 화살을 쏘더라도 되받아 화살을 쏘아서는 안 됩니다. 누가 여러분에게 욕을 한다고 해도 되받아 욕을 해서는 안 됩니다.

그저 계속 걸어가십시오. 우리 중에는 그곳에 도착하기 전에 죽는 사람도 있을 수 있고, 감옥으로 끌려가는 사람도 있을 수 있습니다. 하지만 그렇다고 해도 우리는 계속 걸어가야 합니다."

간디가 비폭력 행진 중에 민중들에게 던진 이 한마디는 킹 목사에게는 천둥과 같은 교훈으로 가슴에 아로새겨졌다.

비전은 이렇듯 시간을 초월하는 힘을 지니고 있다. 그렇게 후대에 전달되고 또 전달되어 긍정적인 감염을 일으키기도 한다.

힘이 있고 눈에 보이는 듯한 생생한 영상의 비전을 만들어보자.

불가능해 보이는 거대한 열망

'전 세계 가정에 컴퓨터를' – 마이크로소프트 CEO, 빌 게이츠의 초창기 비전

요즘은 개인용 컴퓨터를 사용하지 않는 가정을 찾아보기 힘들 정도로 회사뿐만 아니라 개인의 필수품이 되었다.

하지만 마이크로소프트사의 CEO인 빌 게이츠가 사업을 시작하려던 1970년대 중반만 하더라도 컴퓨터는 거대한 기업에서만 사용하는 첨단 제품으로 이해되던 시대였다. 그때 당시 빌 게이츠가 전 세계 가정에 개인용 컴퓨터를 보급하겠다고 꿈꾸었던 비전은 어리석은 도전으로 주변에 비쳐졌다.

왜냐하면 컴퓨터는 기업용으로만 사용되던 시절이었기 때문이다. 현재의 개인용 컴퓨터를 당시 기술수준으로 만들려면 냉장고보다 더 큰 사이즈의 컴퓨터가 필요했다. 가격 또한 엄청나게 비쌌기 때문에 일반 가정에서 컴퓨터를 사용한다는 것은 감히 상상할 수조차 없는 일이었다.

그러나 불과 20여 년이 흐른 현재 선진국에서 빈민국가에 이르기까지 전 세계 가정 곳곳에 컴퓨터가 보급되었다. 무모해 보였던 그

의 비전은 사실상 현실로 이루어진 것이다. 선진국 도시 가정에서는 거의 한 집에 두세 대 정도 있는 것이 예사가 되다시피 한 것이다.

■ 지나고 나면 너무나 당연해 보이는 듯한 꿈

빌 게이츠가 사업을 시작할 당시만 해도 그는 대학을 중퇴한 20대의 혈기왕성한 청년일 뿐이었다.

그에게 운영체제를 만들 수 있는 기회를 주긴 했지만 사실상 그를 가로막고 있었던 거대한 공룡기업 IBM과 같은 강력한 경쟁사가 있었다. 또한 그와 비슷한 꿈을 추구하던 애플의 전도유망한 스티브 잡스처럼 창조적으로 앞서나가는 강력한 경쟁자들이 있었다.

물론 빌 게이츠가 마이크로소프트사를 설립할 때 세웠던 이 비전은 이미 달성한 것이나 마찬가지이다. 그래서 그는 또다시 '소프트웨어를 통해서 인류의 삶에 영향을 끼치고, 전 세계를 미래의 무한한 속도경쟁 시대로 이끌겠다' 라는 새로운 비전을 가지고 비즈니스를 재창조해나가고 있다.

사실 빌 게이츠의 어린 시절 꿈은 **'세상의 왕이 되겠다'** 는 것이었다고 한다. 무모해 보였던 이 꿈은 결국 전 세계 컴퓨터 업계의 제왕이 됨으로써 실현된 것이나 마찬가지이다.

거대한 열망이 담긴 이러한 비전은 지금 당장은 불가능해 보이고 때로는 무모해 보일지 몰라도, 결국은 불가능을 뛰어넘는 징검다리가 되어줄 것이다.

돈 키호테 같은 열정적인 구호

추종자들로 넘쳐나는 애플의 CEO 스티브 잡스는 자신이 설립한 애플로부터 쫓겨나는 신세를 겪었다. 그런 면에서 잡스의 인생이야말로 한 편의 영화보다 더 재미있는 실화라고 말해도 좋을 듯하다.

입양아로 외톨이로 고집쟁이로 성장한 잡스는 손위 친구이자 컴퓨터 천재라고 볼 수 있는 스티브 워즈니악(애플의 공동 창업자)을 만나면서 동물적인 비즈니스 감각을 발휘한다.

잡스와 워즈는 직장을 다니면서 파트타임으로 같이 일하다가 단지 전화번호부에 일찍 나온다는 이유로 '애플(Apple)'이라는 이름의 컴퓨터 회사를 설립한다. 사실 시작은 저가의 부품비로 회로기판을 조립하여 판매하는 조악한 수준의 작은 사업이었다.

그러나 잡스는 1979년 회사 설립 3년 만인 스물네 살에 회사가 상장되며 백만장자가 되었다. 스물다섯에 천만장자가 되었고, 스물여섯에는 억만장자가 되었다.

그는 '우주에 영향을 미칠 만큼의 획기적인 컴퓨터를 만들자'라고 돈 키호테 같은 구호를 외치며 미친 듯이 직원들을 독려했다. 애플의 직원들은 그의 카리스마에 압도되어 열광했다. 고객들 역시 애플 마니아가 되면서 전 세계에 그의 이름을 떨쳤다. 그야말로 불타는 잡스의 열정이 사람들의 마음을 사로잡은 것이다.

하지만 억만장자가 된 지 불과 3년 만에 잡스는 자신이 채용한

CEO 존 스컬리로부터 공개적으로 내쫓김을 당하는 수모를 겪는다. 그후 반드시 복수하리라 다짐하며 넥스트(Next)라는 기업을 새로이 설립한다. 잡스의 의욕과 달리 새롭게 시작한 컴퓨터 사업에서 거듭 실패하며 엄청난 몰락에 몰락을 거친다.

그러나 잡스는 〈토이스토리〉, 〈벅스라이프〉, 〈니모를 찾아서〉 등의 애니메이션을 제작한 픽사(PIXAR)의 성공으로 새로운 분야에서 부활을 시작한다.

픽사의 활약과 더불어 비록 실패했지만 넥스트에서 다진 기술력을 바탕으로 10년이 넘은 후에야 자신이 설립한 애플의 CEO로 화려하게 컴백한다.

애플에 복귀한 잡스는 새로운 개념의 PC 아이맥(iMac)을 출시하며 1년 만에 200만 대의 PC를 판매하는 성공을 거둔다. 또한 mp3 플레이어인 아이팟(iPod)과 결합한 온라인 음악 사이트 아이튠즈(iTunes)의 성공으로 음악산업이라는 새로운 시장을 개척하면서 큰 성공을 거둔다.

결국 한 해 10억 달러의 적자에까지 이르렀던 애플은 2004년도 결산 때 무려 34억 9,000만 달러의 수익을 거두는 쾌거를 이룬다. 2007년 잡스는 스크린 터치형 아이폰(iPhone)을 내놓으며 휴대폰 시장에도 본격적으로 뛰어들었다.

잡스는 현재의 성공에 안주하지 않고, 끝없이 새로운 시장 개척에 창조적으로 도전해나가고 있다.

과거에 잡스는 독선적이고 괴팍한 성격으로 인해 사람들로부터 이중적인 평가를 받곤 했다. 하지만 그의 엉뚱하기까지 한 열정적이고 원대한 비전이 잡스를 이 시대의 영웅으로 만들어가고 있지 않나 하는 생각이다.

다소 엉뚱해 보일지 몰라도 상상을 초월하는 열정을 담아서 원대한 꿈을 꾸어라. 그 꿈이 당신에게 강력한 에너지를 불어넣어줄 것이다.[23]

알라딘의 요술램프보다 더 막강한 힘

'인류의 발전을 위해 개인을 즉각적으로 변화시킨다'

– 세계적인 동기부여가, 앤서니 라빈스의 비전

고층건물 외곽 청소부에서 전 세계 최고의 동기부여가로 성공한 앤서니 라빈스는 "웅대한 목표가 알라딘의 요술램프보다 좋은 점은 소원을 세 번 이상 말할 수 있다는 점이다"라고 말한다.

그렇다. 우리의 꿈과 비전은 한 번의 달성으로 끝나는 것이 아니다. 비전은 우리가 이루고자 하는 바를 성취하도록 돕고, 더 큰 꿈을 꾸게 하여 이를 이룰 수 있게 만든다.

자기 안에 숨겨져 있는 성공 비전을 일깨우기로 마음만 먹는다면 그 동안 꿈꿔왔던 환상을 넘어서 경제적으로, 신체적으로, 정서적으로, 영적으로 모든 면에서 풍요로움을 느끼게 될 것이다.[24]

앤서니 라빈스는 《무한능력》, 《내 안에 잠든 거인을 깨워라》, 《네

안에 있는 거인과 함께 가라》의 저자이자, NLP(신경언어학 프로그램)의 대가이며, 미국 최고의 동기부여가로서 기업의 CEO, 연예인, 정치인뿐만 아니라 심지어 각국의 대통령까지 코칭하고 변화시키는 일을 하고 있다.

비록 그의 정규 학력은 변변치 못했지만 자신을 변화시키고자 끝없이 자기계발을 해오면서 누구보다 많은 책을 읽었고, 결국 자신의 비전을 이룩한 것이다.

아마도 영화 〈내겐 너무 가벼운 그녀(Shallow Hal, 2001)〉를 본 사람이라면 남자 주인공 할 라슨(잭 블랙 역)이 엘리베이터 고장으로 갇힌 사건을 기억할 것이다. 주인공은 갇힌 엘리베이터에서 만난 남자의 마법 같은 주문으로 인해 사람을 볼 때 외모가 아니라 마음을 보고 아름다움을 판단하게 된다.

이때 엘리베이터에서 주문을 거는 듯한 2m 가량의 장신의 남자가 바로 특별 출연한 앤서니 라빈스였다. 하지만 중요한 것은 그것이 요술이나 마법과 같은 주문이 아니라는 사실이다. 그가 사람들을 즉각적으로 변화시키는 일종의 변화 프로그래밍을 주인공에게 적용시킨 것이다.

누구나 적절한 방법만 안다면 즉시 사람을 변화시킬 수 있다는 것이 그의 주장이다. 그래서 앤서니 라빈스의 비전은 사람을 즉각적으로 변화시키고, 인류의 삶에 지대한 발전을 가져오는 데 있다고 한다.

만일 알라딘의 램프와 사람을 즉각적으로 변화시킬 수 있는 비전 중에서 하나를 선택하라고 한다면 당신은 어떤 것을 선택하겠는가? 당장에 자신의 꿈을 성취해줄 알라딘의 램프를 선택하고 싶은 유혹이 들지도 모른다. 하지만 잘 생각해봐야 한다. 요술램프는 세 번으로 끝난다는 것을.

조직 리더로서의 공동체적 비전

'세계에서 최고로 많은 백만장자를 배출하겠다' – 맥도날드 창립자, 레이 크록의 비전

맥도날드의 창립자인 레이 크록 회장은 20대에는 피아노를 연주

하면서 생계를 유지했다. 30대에는 종이컵 세일즈맨으로 생활했으며, 40대에는 아이스크림 기계를 판매하는 영업사원에 불과했다.

그렇게 50대까지 샐러리맨으로 평범하게 생활하던 레이 크록. 남들은 은퇴를 고려할 나이인 53세에 맥도날드 형제를 만나면서 자신의 모든 것을 걸고 사업을 성공시킨 신화적인 인물이다.

맥도날드의 직원이었던 로스앤젤리스 지점의 모리 골드 파브는 1976년 하와이에서 열린 지점장 회의에서, 아마도 레이 크록이 역사상 가장 많은 백만장자를 만들어낸 사람일 것이라고 말한 적이 있다. 그래서 간혹 그의 비전이 '백만장자를 100명 이상 배출한다, 백만장자를 만들 기회를 제공한다, 조직원과 함께 성장한다' 등으로 회자되기도 한다.

그러나 그는 **'진정으로 하고자 한다면 이루지 못할 일이 아무것도 없다'** 는 비전과 신념을 가지고 있다. 1976년 다트마우스 대학에서 이 주제로 자신의 비전과 신념에 대해 강연하며 학생들에게 많은 감동을 주었다.[25]

사실 비전이란 이렇게 사람들에게 회자되면서 조금은 다른 모습으로, 다른 내용으로 변경되기도 한다. 레이 크록의 비전 역시 여러 사람들에 의해서 다르게 회자되기도 한 것이다. 하지만 이렇게 회자된 비전에는 긍정적인 부분을 내포하고 있다.

그 역시 자신에게 주어진 모든 일에 전력을 다하면서 어려운 과제를 피하지 않고 정면으로 도전하고 돌파해온 것만은 분명한 사실이다. 또한 그가 많은 사람들에게 백만장자의 기회를 제공한 것 역시 사실이다.

힘든 사업 초창기에도 불구하고 끝까지 그와 같이 일했던 사람들은 백만장자 정도가 아니라 천만장자가 되었기 때문이다. 올바른 비전은 자신뿐만 아니라 다른 많은 사람들에게도 부와 가치를 제공하는 거대한 힘이 있다.

거칠 것 없는 성공을 향한 집념

'내 사전에 지나친 것은 없다' – 사업가, 도널드 트럼프의 비전

트럼프 오거니제이션(Trump Organization)의 CEO이자 회장인 도널드 트럼프. 그는 자신이 가진 기업이나 재산에 비해서 일반인들에게 잘 알려진 인물이다.

최근에는 한 케이블 방송에서 소개한 〈백수탈출 성공기(The Apprentice)〉라는 리얼리티 프로그램을 통해서 국내에도 널리 알려졌다. 하지만 미국에서는 이 프로그램이 시작하기도 전인 2000년도 갤럽 자료에 따르면 미국 성인 98%가 트럼프를 알고 있을 정도로 인지도 면에서는 이미 널리 알려진 인물이다.

미국 〈포브스〉지의 2004년도 조사에 따르면 그는 재산이 26억 달러(한화 약 2조 6,000억 원)로 미국 내 73번째 부자이고 세계에서 205번째 부자로 조사됐다. 그러나 트럼프는 자신의 재산이 대부분 부동산이라 실제로는 60억 달러(약 6조 원) 가량 된다고 주장한다.

자신의 부를 드러내는 면에서 본다면 다른 부자들과는 판이하게 다르다는 것을 알 수 있다. 누구보다 자기 자신을 과감하게 드러낸 다는 사실이다. 심지어 결혼식 행사 진행 자체도 공식적으로 판매할 정도이다.

그래서 일부 사람들은 그를 속물, 투기꾼, 협잡꾼 등으로 비난하 기도 한다. 하지만 트럼프는 주변의 반응에 개의치 않고 자신의 이름을 브랜드화해서 그가 개발한 건물에 '트럼프'라는 이름을 연이 어 사용하며 성공행진을 벌인다.

사실 말이 쉽지 건물에 이름을 붙인다는 것은 아주 위험한 전략이 라고 한다. 그러나 그는 부동산 침체기에 겪은 잠깐의 위기를 제외 하고는 사업적으로 승승장구해왔다. 그래서 미국인들은 그의 이름 이기도 한 '트럼프'를 '자신감, 강인함, 성공'의 의미로 해석하기도 한다.

트럼프는 부동산 임대업을 시작으로 부동산 개발에 뛰어들면서 거대한 호텔과 카지노 설립 및 운영에 성공했고, 저술활동도 겸해서 베스트셀러 작가로 이름을 널리 알리고 있으며, 〈어프렌티스 (Apprentice)〉 등의 방송을 통해 방송인으로서도 활동하고 있다.

말 그대로 자신의 비전이라고도 볼 수 있는 "내 사전에 지나친 것 은 없다"라고 말하며 저돌적으로 밀어붙이는 삶을 영위하고 있다.

트럼프는 1990년대 초 부동산 경기의 침체로 위기에 봉착하기도 했다. 하지만 오히려 이 경험을 되살려서 다시는 이러한 위기를 겪 지 않을 것이며, 오히려 '슈퍼스타가 되겠다'라는 다짐을 한다. 소원대로 트럼프는 사업의 역경을 딛고 일어서며, 미디어를 통해 미국인의 우상으로서 성공의 환상을 심어주는 인물이 되었다.[26]

과거를 통한 미래 창조

'고전의 지혜를 통해 인류의 보편적 가치를 추구한다' – 철학가, **도올 김용옥**의 비전

한적한 천안에서 1948년에 태어난 도올 김용옥 선생은 30대 후반까지 외부로 이름이 전혀 알려지지 않은 평범한 인물이었다. 30대 후반 양심선언을 통해 고려대 철학과 교수직을 사퇴하기까지 철저하게 학문에만 전념해온 사람이기 때문이다.

물론 앞으로도 그는 죽는 날까지 학문만 하며 살아갈 것이라고 한다. 학문하는 삶이 식색(食色)을 즐기는 삶보다 더 즐겁다고 도올은 말한다.

10대 후반에 미국 선교사를 통해서 서양 문물의 위대함에 대해 알게 되었고, 서양을 알아야겠다는 생각에 한때 대학에서 신학을 전공하기도 하였다.

그러나 인류의 지혜를 찾기 위해서 동양사상의 필요성을 느낀 그는 부모님의 반대를 무릅쓰고 유·불·도(儒敎·佛敎·道敎)의 동양철학을 공부하기 위해 대만, 일본, 미국 등의 최고 대학에서 차례로 공부하며 박사학위까지 취득한다.

도올은 오랜 배움과 수련을 통해 어떠한 종교이든 어떠한 믿음이

든 서로 반목하며 반대 사람들을 억압해서는 안 된다고 생각했다. 자신과 반대되는 믿음이나 이상을 가진 인간을 멸시하는 태도를 가져서는 안 된다는 깨달음을 얻게 된다. 그러다 보니 자연스레 모든 종교나 이념에 대해 냉엄한 시각으로 비판을 가해 독설가라는 비난을 받기도 한다.

그러나 도올은 이에 개의치 않고 누구보다 뛰어난 한학자(漢學者)로서 동양사상의 지혜를 이야기해나간다. 도올은 고전의 지혜를 통해서 현대 인류의 보편적 가치를 얻고자 그의 생명을 다해 학업을 게을리 하지 않는 학자다운 자세를 유지한다. 또한 평범한 삶을 살아가는 현대인도 동양사상의 지혜를 통해 보편적 가치를 얻을 수 있다는 믿음을 가지고 있다.

도올은 인류가 직면한 문제를 풀어가는 것만 해도 버거운데 불필요한 이론, 종교, 철학 등 일부 이념에 과도하게 집착하는 것을 꺼려한다. 그래서 그는 현존하는 삶 속의 문제들을 중요시 한다. 거기에는 한 개인이 삶에서 직면하는 문제부터 풀어나가는 것이 무엇보다도 중요하다는 그의 깨달음이 담겨 있다고 볼 수 있다.

그러나 리더는 개인을 뛰어넘어 앞으로 인간과 자연이 어떻게 조화를 이루어나갈 것인지, 종교와 종교가 어떻게 조화롭게 나아갈 것인지, 지식과 생활(삶)이 어떻게 보합해나갈 것인지에 대해 좀 더 넓은 시각으로 세상을 바라봐야 한다고 도올은 충고한다.

젊음의 열정이 묻어나는 신념

'성공은 도전과 열정의 결과물이다' – 크레벤 그룹, 백기락 회장의 비전

대학을 중퇴하고 20대 중반에 직원을 50여 명까지 거느리며 사업을 하던 혈기왕성한 청년이 있었다. 한때 사업이 번창하여 전도유망하게 성장하는 듯했으나 경험미숙으로 사업은 실패하고 가진 것을 몽땅 잃어버리는 신세가 되었다.

그래도 좌절하지 않고 단지 몇 푼의 금전과 책들을 가지고 서울로 상경한 이 사나이. 앞으로 어떻게 지내야 할지 몰라 여기저기 헤매던 중 인터넷 사이트를 통해 한 카페를 개설했다. 공병호 박사의 카페를 비롯해 수많은 카페를 연이어 개설하여 운영하면서 스스로 자

기계발의 의욕을 불태웠다.

자신의 열정을 감염시키고자 다른 사람의 자기계발도 독려하기 위해 강의를 시작했고, 교육 프로그램을 기업적으로 운영하는 등 지속적으로 사업을 확장해나갔다. 그래서 그는 국내 최초로 카페를 수익사업으로 성공시킨 선두주자가 되었다. 그가 바로 크레벤의 젊은 리더 백기락 회장이다.

필자에게 만나본 사람 중 가장 열정적인 사람이 누구냐고 물어본다면 단연코 백기락 회장을 손꼽는 데 주저하지 않겠다. 거의 교주와 같이 자신의 신념에 대해 맹목적으로 열정을 쏟아붓고 있기 때문이다. 한 달에 40~50권의 책을 읽으면서 터득한 자신만의 독서법을 '패턴리딩'이라고 칭하고, 교육 프로그램으로도 운영하며 책으로도 출판했다. 이외에도 거의 매년 책을 왕성하게 집필하고 있으며 스스로 출판업에까지 뛰어들었다.

백 회장이 가장 좋아하는 말은 '도전과 열정'이다. 그래서 그는 성공을 도전과 열정의 결과물이라고 말한다. 그는 비록 개인 커뮤니티로 시작했지만 사업형태로 운영하였고, 자신의 기업을 높여 그룹이라 부르며, 자신 역시 높여서 스스로 그룹사의 회장이 되었다. 또한 투자자들도 유치하여 주식회사로 전환해 그의 목표인 '성공학교' 설립에 큰 걸음을 내딛게 되었다.

백 회장은 앞으로도 "끊임없이 지식을 배우고 경험하며, 헌신을 통해 사람들이 미지의 세계를 갈 수 있도록 도와주는 등불이 되겠다"라고 자신의 비전을 밝힌다. 그 스스로 누구보다 열정적으로 도전하는 삶을 통해 성과를 일궈냈기 때문이다.

그는 "비전이 있는 기업은 위기에 빠져도 희망이 있고, 비전이 있
는 개인은 배고픔 속에서도 넉넉함이 있다"라고 말한다. 누구나 용
감하게 첫발을 내딛고 실천한다면, 꿈꾸는 미래가 현실로 도래할 것
이라고 그는 이야기한다.

자아실현의 의지가 담긴 비전

'자신의 가치를 높이고, 타인의 가치를 높인다' – 인재개발 전문가, 정철상의 비전

필자의 비전까지 하나의 스토리로 이야기한다는 것이 부끄럽기도
하지만 독자들이 배울 점이 있겠다 싶어서 나에 대한 이야기를 남긴
다. 필자는 어릴 때 다른 친구들처럼 많은 꿈이 있었다. 비행기 조종
사, 선생님, 시인, 작가, 배우 등이 되고 싶었다. 사실 학교 다닐 때
는 성적이 좋지 못해서 '공부를 잘 할 수 있는 방법이 있었으면 좋겠
다' 하는 식의 소박한 소망도 있었다.

그러면서 청소년이 되어서는 사람들의 잠재능력을 일깨우는 소설
이나 영화를 보고 나도 그러한 기술이나 방법을 통해서 무한한 잠재
력을 발휘할 수 있게 되면 좋겠다는 공상(空想)도 했다. 사실상 잠재
능력 개발자를 꿈꾼 것이다.

대학을 졸업하고 사회로 나와 직장생활을 하면서 그러한 꿈들은
모두 잊어버린 채 바쁘게 살고 있었다. 첫 직장인 방송국에서 일하

다가 외환위기 때 구조조정으로 퇴직하면서 뜻하지 않게 여러 번 직장을 옮겨다니게 되었다.

솔직히 황금 만능주의적인 사고로 높은 연봉만을 쫓아다니고 자신의 일에만 신경 쓰고 다른 사람들의 삶에는 거의 개의치 않았던 적도 있었다. 그렇게 나의 꿈도 거의 잊혀가면서 일상에 묻혀 살고 있었다.

이직을 많이 겪었던 내가 직업 전문가로 활동하게 되면서 작은 변화가 일어났다. 하지만 직업 전문가로 활동하면서도 근원적인 삶의 문제해결 방안을 제시하기보다는 눈앞의 기술적인 방법론을 세시하는 수준에 머물렀다. 그리고 무엇보다 나 자신의 문제조차 제대로 풀지 못하며 삶의 갈등 속에 갇혀 있기도 했다.

■ 30대 중반에 처음으로 세운 비전

다른 사람을 도와주기 위해서 공부하다가 내가 먼저 학습하고 경험하면서 나를 먼저 올바르게 세워야겠다는 생각을 하게 되었다. 그렇게 내 삶의 해답을 찾기 위해서 책을 읽고 세미나를 들으며 자기계발에 주력하던 중에 공병호 박사님을 만나고, 강헌구 교수님을 만났다.

이어서 경영학의 대부 피터 드러커와 앤서니 라빈스, 도올 김용옥 선생님 같은 여러 훌륭한 멘토들을 직간접적으로 계속 만나면서 많은 변화를 겪게 되었다.

학습을 해나가면서 나의 꿈과 비전에 대해 다시 한 번 진지하게 생각하게 되었다. 당시 30대 중반이었음에도 뚜렷한 꿈조차 갖고 있지 못했다. 늦었지만 나의 비전을 처음으로 수립하고 문서로 작성했다. 그렇게 비전을 수립한 다음에도 다시 수정하고 또다시 수백여 차례 수정을 가했다. 지금의 비전을 완성하는 데만 3년 이상의 시간이 걸렸다.

책, 만남, 사유, 인물탐구, 심리학 공부 등을 통해서 비전을 찾는 데 큰 도움을 얻었다. 그리고 무엇보다 과거로의 여행이 큰 도움이 되었다. 어린 시절의 기억으로 거슬러 올라가면서 내가 '인간의 잠재능력 개발'에 관심이 많았던 점이 떠올랐던 것이다.

그렇지만 잠재능력을 개발하기에는 모호한 부분이 많아서 좀 더 실제적으로 접근할 수 있는 인재개발에 눈을 뜨게 되었다. 그래서 '국내 최고의 인재개발 전문가'를 목표로 삼아 '자신의 가치를 높이고, 타인의 가치를 높인다'라는 비전을 설정한 것이다.

조금 더 길게 풀어서 쓰면 **'자신의 가치를 높이고, 타인의 가치를 높인다. 이를 달성하기 위해서 국내 최고의 인재개발 전문가가 되어 목숨이 다하는 날까지 집필, 교육, 코칭활동에 전념하여 인류 발전에 기여한다'**이다.

'은퇴해서 편안히 쉬는 삶을 목표로 하기보다는 죽는 날까지 나 스스로를 계발하고, 죽어서도 타인의 가치를 높일 수 있는 일을 해내겠다'는 필자의 의지가 담겨 있다.

이 비전에는 부족한 나 자신의 능력을 지속적으로 계발해나가면서, 과거에 겪었던 깨달음을 조금이나마 다른 사람들에게 전수해주어 많은 사람들의 가치도 높이겠다는 자아실현의 소망이 담겨 있는 것이다.

직업적인 비전으로는 '국내 최고의 인재개발 전문가'를 목표로 하고 있다. 가정적으로는 '사랑, 성장, 행복'이라는 비전을 가지고 있다.

Review check

1) 나의 가슴에 가장 다가오는 비전은 누구의 비전인가. 무엇 때문인가.

2) 당신은 성공가도만 달려왔는가, 아니면 실패만 해왔는가. 성공과 실
   패의 원인은 각기 무엇이었나.

3) 비전 달성을 위해 필요한 자원은 충분한가.

4) 비전 달성을 위해 필요한 자원은 어떠한 것들이 있는가.

5) 자원 충족을 위한 세부 전략은 무엇인가.

6) 내 인생의 멘토는 누구인가. 무엇 때문인가.

비전은 자신이 누구이고, 어디로 가고 있으며,
무엇이 그 여정을 인도할지 아는 것이다.
- 켄 블랜차드, 베스트셀러 작가

4부
알라딘의 요술램프
- 비전 달성의 비밀과 실행전략

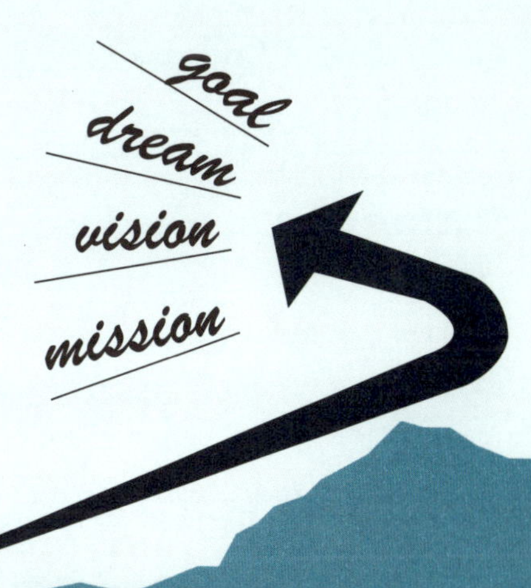

나는 날마다, 모든 면에서, 점점 더 좋아지고 있다.

(Day by day, in everyway, I am getting better and better.)

- 에밀 쿠에, 약사이자 심리치료사

part 8

비전을 완성하는 5가지 황금열쇠

비저너리들에게는 많은 공통점이 있지만, 반면에 누구에게나 적용된다고 말할 수 있는 획일적인 공통점이 있다고 단정적으로 말하기는 어려울 것이다. 그만큼 우리 각자가 서로 다른 꿈과 재능을 가지고 있기 때문이다.

하지만 필자는 비저너리들을 바라보면서 그들이 비전을 완성하기 위한 5가지 황금열쇠(Golden Key)를 쥐고 있다고 해석했다.

그것은 첫째, 어떠한 상황에서도 자신에 대한 절대적인 자기신뢰와 믿음이다. 둘째, 어떠한 상황에서도 오뚝이처럼 일어설 수 있는 자가발전 동력기이다. 셋째, 쉬지 않고 끊임없이 전진해나가는 탐구와 적용능력이다. 넷째, 머리로만 받아들이지 않고 몸으로 받아들이는 체화된 행동력이다. 마지막으로 자신만 생각하지 않고 타인을 생각하는 지극한 이타심이다.

절대적인 자기신뢰와 믿음

현대그룹의 창업주 정주영 회장은 우리나라에 조선소가 없던 시절인 1971년에 해외 차관을 끌어오기 위해 혼신의 힘을 기울였다. 그러나 당시 조선업에 대한 경험이 전혀 없었던 회사라 지원해주는 외국 은행이 없어 많은 난관을 겪을 수밖에 없었다. 도움을 주기로 했던 A&P의 롱바톰 회장 역시 난색을 표명했다.

그러자 정 회장은 자신의 주머니에서 500원짜리 지폐를 꺼내어 거북선을 보여준다. 우리 민족은 1500년대에 이미 철갑선을 만든 우수한 조선(造船, shipbuilding)의 역사를 갖고 있는 선박 민족이라고 설득하며 결국 차관을 끌어들여 사업을 성공으로 이끌었다는 유명한 일화가 있다.[27]

비저너리들은 정 회장과 같이 주변에서 절대적으로 불가능하다는 어려운 상황에 부닥쳐도 좌절하지 않고 절대적인 자기신뢰와 믿음으로 난관을 헤쳐나간 것으로 보인다.

그러나 자기신뢰가 부족한 사람들은 될 만한 이유보다는 안 될 만한 이유를 내세우며 난제를 용기 있게 풀어나가지 못하는 경우가 많다. 특히 이러한 절대적 자기신뢰는 과감하게 결단하고 신속하게 처리해야 할 순간에 더욱 빛을 발한다.

삼성그룹이 오늘날 이렇게 세계적 기업으로 성장할 수 있었던 데는 반도체 사업의 과감한 결단이 중요한 요인이었다.

일본 미쓰비시 연구소는 당시 국내 인구 3,000만 명으로 작은 내수시장, 빈약한 관련 산업기반, 부족한 기술력, 소규모에 불과한 삼성의 규모와 빈약한 사회적 인프라를 제시하면서 이로 인해 삼성전자가 반도체 사업을 시작한다면 반드시 실패한다고 분석했다.

삼성그룹의 창업자인 호암 이병철 회장 역시 반도체 사업에 부정적이었다.

그러나 당시 삼성에서 경영수업을 하고 있던 셋째 아들인 현 이건희 회장의 강력한 주장으로 인해 과감한 투자결정을 내린다. 1970년대 당시 삼성전자의 총매출액이 1억 달러도 안 되던 때인데 10억 달러나 되는 반도체 공장을 세우기로 과감하게 투자결정을 내린 것이다.

이후에도 이건희 회장은 선진국이 반도체 연구와 공장 설립에 머뭇거리고 있을 때 사운(社運)을 건 투자를 감행한다. 절대적인 자기 신뢰를 통해 과감한 투자결정을 신속히 내리면서 전 세계적인 기업의 발판을 마련하게 된다.

■ 내 안에 숨겨진 자기신뢰라는 비전(秘傳)

이러한 신속하고 대담한 투자결정은 자신에 대한 절대적인 믿음 없이는 이뤄질 수 없다. 절대적인 자기믿음이 때로는 자만심이나 교만함으로 비쳐지기도 한다. 그러나 이러한 결단은 긍정적인 자기신뢰로부터 흘러나오는 믿음이어서 자만심과는 사뭇 다른 것이다.

이러한 자기신뢰가 보통 사람들에게 없는 것은 아니다. 우리 모두에게는 절대적인 자기신뢰가 있다. 자신에 대한 믿음을 가지는 데는 부모의 역할이 크며, 특히 어머니의 역할이 지대하다.

세상에 어느 어머니가 위대하지 않은 어머니가 있으련만 대한민국의 어머니처럼 자식들을 향한 맹목적인 신뢰와 믿음을 보여주는 경우를 찾기는 쉽지 않을 것이다. 그만큼 우리에게는 어머니의 사랑으로 다져진 자기신뢰라는 비전(秘傳)이 내재되어 있는 것이다.

최근 독자적인 개인사업을 진행하고 여러 곳에 강의를 나가며, 책을 연이어 쓰기 시작하면서 내 이름이 조금씩 알려지기 시작하고 있다. 무엇보다 이렇게 부쩍 성장한 나 자신을 보면서 나조차 놀라곤 한다.

그러면서 부족한 내가 이만큼이라도 성장할 수 있었던 데는 어떤 원인이 있을까 곰곰이 생각해보았다. 여러 가지 원인들이 있겠지만 나에 대한 어머니의 무한한 신뢰와 사랑이 가장 큰 원동력이 되지 않았을까 하는 생각이 들었다.

천성이 조용하고 품위 있고 여성적이신 어머니. 어찌 보면 나약해 보이는 여느 어머니와 다를 바 없는 순하디순한 평범한 어머니.

하지만 어머니에게는 눈에 보이지 않는 담대한 용기가 있었다. 이런 에피소드가 상황에 어울리지 않는다고 생각될 수도 있겠지만 조심스럽게 내 과거의 단편을 끄집어낸다.

고등학교 2학년 때의 일이었다. 처음으로 미팅 나간 자리에서 친구에게 지기 싫어 담배를 배웠다. 이렇게 시작된 내 흡연은 20여 년 가량 지속되었다. 운 좋게 3학년이 되어서까지 한 번도 단속에 걸리지 않았다.

그러던 어느 날이었다. 여느 때와 마찬가지로 1학년 화장실에서 담배를 피우다가 담임선생님에게 걸렸다. 안 죽을 만큼 실컷 얻어맞았다.

허벅지는 퉁퉁 불었지만 맞으면서도 아픈 것보다는 부모님께 알려지지 않을까 하는 두려움이 앞섰다. 아니나다를까 실컷 때리고 나신 선생님은 "내일, 부모님 모시고 와"라고 하시는 것이었다.

어렵게 어렵게 살아가시는 어머님에게 걱정 끼쳐드릴 것이 두려웠다. 또한 불 같은 아버님의 분노에 어떤 화를 당할까 하는 두려움이 들기도 했다. 집에 돌아와서도 마음은 불안했지만 평소와 다름없이 행동했다. 부모님은 아무런 눈치도 채지 못하셨다.

다음날 아침 집을 나설 때까지도 망설이다가 어머니에게 넌지시 한마디 건넸다. "어무이, 샌님이 함 보자카던데……." 들릴락말락한 목소리로 말씀드렸다. '오시면 오시고 못 오시면 바빠서 못 오신다고 선생님께 대답해야지' 하고 마음먹고 학교로 향했다.

■ 어머니의 무한한 신뢰와 믿음

그날 어머니는 언뜻 던진 아들의 말에 '그래, 고 3이 되었는데 한 번도 못 가봤네, 가봐야지' 하고 마음먹으셨다고 한다. 그렇게 아무 영문도 모르고 학교로 오신 어머니는 담임선생님으로부터 자초지종을 들으셨다. 아마도 큰 충격이었으리라 생각된다.

여하튼 어머니가 있는 자리에서 선생님 앞에 불려가 큰 꾸지람을 들었다. 선생님이 무슨 말씀을 하셨는지 하나도 기억나지 않지만 대충 "고 3이 공부 안 하고 어쩌려고 그러냐. 너 이 자식, 그래 가지고는 인간도 못 된다"라는 듯한 이야기로 생각된다. 앞에 계신 어머니에게 무척 죄송스러웠고, 시간이 멈춰진 듯했다. 너무도 부끄러운 순간이었다.

그런데 어머니가 갑자기 일어나시더니 내 손을 잡고 일으켜세우는 것이었다. 그러곤 "가자!" 하고 한마디 하셨다. 선생님은 눈이 둥그래졌다. 나는 갑작스런 어머니의 제의에 놀라기도 했지만, 순간적으로 어머니의 의도를 눈치채고는 쾌재를 불렀다. 선생님이 몇 마디를 더 던지셨다.

하지만 어머니는 아무 대꾸도 하지 않고 내 손을 잡아끌었다. 교무실을 나선 다음에도 한마디 말도 하지 않으셨다. 조금은 두려웠다. 집에 도착할 즈음에 "아부지한테는 말씀드리지 않을 테니 담부터는 그러지 마라"라는 한마디만 말씀하셨다. 나는 안도의 한숨을 내쉬었다.

어머니는 자식이 비록 잘못된 일을 저질렀다는 것을 알고 있었지만, 내 기를 살려주기 위해서 그런 행동을 보여주신 것이라는 생각이 들었다. 그렇다고 무작정 아들을 온실에서 키우듯 감싸는 분은 아니셨다.

그날 보여주신 모습과 같은 나에 대한 절대적인 믿음과 신뢰는 내 인생에서 보이지 않는 큰 힘이 되었다. 그런 식으로 어머니는 나의 모든 결정을 전폭적으로 신뢰해주셨다.

그 크신 어머니의 사랑에 나는 올바르지 않은 일을 할 수가 없었다. 그래서 그 사랑과 믿음을 내 가슴에 담고 늘 담대하고 용기 있고 성실하게 살려고 노력해왔다.

어떠한 순간에도 어머님이 주신 가르침을 마음에 품고, 어떠한 어려운 일이 닥쳐도 나 자신에 대한 절대적인 믿음과 신뢰를 잊지 않았다.

지금도 부모님의 은혜에 다 보답하지 못하는 불효자식이지만 그래도 매일 한 통씩 안부전화를 드리는 것으로 위안을 삼는다. 어머니는 나의 사회적 활동도 자랑스러워하시지만, 잊지 않고 매일 전화 드리는 행동에 더 기뻐하시는 것 같아 오히려 내가 더 감사함을 느낀다.

비저너리들이 그러하였듯이 우리 역시 어떠한 상황에서도 외부 환경을 탓하기보다는 자기 자신에 대한 절대적인 믿음을 가지고 앞으로 나아간다면 반드시 큰 성취를 일궈낼 수 있다.

자가발전 동력기

성공자와 실패자에게는 도대체 어떤 차이가 있는 것일까? 성공에 대해 관심을 가지기 시작하면서 성공과 실패를 결정짓는 차이점이 늘 궁금했다. 왜 출발점이 비슷한 사람들이 종착점은 달라지는 것일까? 많은 성공학자들이 제각각의 이론을 내세웠지만 좀 더 근원적인 차이를 알고 싶었다.

그것은 **'자가발전 동력기'**였다. '성공하는 사람에게는 자가발전 동력기가 있다는 것'이다.

'인간은 누구에게나 스스로 문제를 해결하고 성공으로 향하는 힘'이 내재되어 있다. 우리가 시행착오로 쓰러지고 좌절하더라도 다시 일어서게 만드는 '성공 동력기'가 인간의 내면에 내재되어 있다는 것이다.

우리가 원하는 바를 얻고자 할 때마다 이 '동력기'를 가동하기만 하면 즉각적으로 원하는 것을 얻을 수 있다. 다만 보통 사람은 자기 안에 내재된 '동력기'를 사용하지 않다 보니 녹슬어서 제대로 가동하지 못하는 것이다.

■ 성공하는 사람에게는 자가발전 동력기가 있다

자가발전 동력기란 '한 개인이 자신이 가고자 하는 길, 얻고자 하는 바, 이루고자 하는 꿈 등을 성취하기 위해 지속적으로 목표를 향해 나아가는 내재적 에너지원'이라고 말할 수 있다.

사람은 누구나 실수를 하고 실패를 겪고 어려움을 겪는다. 이때 성공자들은 스스로 자신의 에너지를 북돋아 다시 일어서서 걷는다. 하지만 실패자들은 자기 안에 내재된 문제해결 시스템을 찾지 못하고 외부에서만 해답을 찾으려다가 결국 실패자로 추락하고 마는 것이다.

성공의 길로 가는 사람들은 어떤 사업이나 프로젝트를 추진하다가 실패하더라도 실패의 원인이 어디에 있는지 분석하고자 한다. 그리고 자신의 실수를 인정한다. 그런 다음 다시 실패를 겪지 않기 위해서 어떻게 자신이 대처해나가야 할지 준비한다.

그런데 실패자들은 그러한 원인을 자신의 탓으로 생각하지 않고 외부의 탓으로 돌리는 경향이 있다. '경영지원이 부족했다, 시스템이 문제였다, 주변 인재들의 능력이 부족했다, 시기가 맞지 않았다' 등의 변명을 늘어놓으며 정작 자신의 잘못은 크게 인정하지 않는 경우가 많다.

누구에게나 성공의 동력기는 내재되어 있다. 그러면 어떻게 이 동력기를 움직일 수 있을까? 최대한 많이 활용해봐야 한다. 아무리 좋은 기계라도 수십 년 동안 사용하지 않으면 녹슬어서 제대로 돌아가지 않을 수 있다.

내 안에 내재되어 있는 동력기도 마찬가지이다. 수십 년 동안 제대로 쓰지 않다가 써보려고 하니 제대로 작동하지 않는 것이다. 사용하지 않는 근육이 퇴화되는 것과 같은 이치이다.

■ **열정은 자가발전 동력기를 가동하는 핵심 연료**

비전 달성을 위한 자가발전 동력기를 제대로 가동하기 위해서는 열정, 장인정신, 도전정신이라는 세 가지 에너지원이 절대적으로 필요하다.

첫 번째 에너지원 : 타오르는 '열정'

열정은 자가발전 동력기를 가동하는 핵심 연료라고 볼 수 있다. 우리는 흔히 "내가 좋아하는 일이라면 얼마든지 열정을 가지고 일할 수 있겠다"라고 말한다. 그러나 과연 그 사람의 말이 사실일까?

사람들은 '영화와 관련된 일을 하고 싶다, 기획과 관련한 일이라면 무엇이든 좋다, 강의를 해보고 싶다, 프로그램 개발이라면 정말 자신 있다' 등의 이야기를 한다. 그러나 정작 자신이 좋아한다고 말했던 그 일을 하더라도 열정의 에너지를 내뿜지 못하는 경우를 많이 볼 수 있다.

성공자들은 좋아하지 않는 일을 하면서도 열정을 가지고 매진하는 사람들이다. 그래서 이들은 정작 자신이 원했던 일을 하게 될 때 더욱 빛을 발휘할 수 있는 것이다. 그러나 실패자들은 열정을 차별화해서 적용하려다 보니 정작 자신이 좋아하는 일조차 습관적으로 열정을 쏟아붓지 못한다.

열정을 갖기 위해서는 싫어하는 일상의 일조차 애정과 온정으로 바라보며 좀 더 긍정적인 시각으로 접근하는 노력이 필요하다.

두 번째 에너지원 : 깊이 있게 파고드는 '장인정신'

실패자들에게도 나름대로의 꿈과 목표는 있다. 그러나 그들이 성공의 길로 접어들지 못하는 이유는 작은 일을 하찮게 여기고 소홀히 하는 경우가 많기 때문이다.

매사에 작은 일에도 정성을 다해서 임해보라. 가족에게, 친구에게, 동료에게, 상사에게 따뜻한 눈빛과 말 한마디를 전하라. 꽤 많은 사람들이 작고 소소한 문제라고 경시하는 경우가 많다.

그러나 인간관계에 있어서 소소해 보이는 예의와 말투, 태도는 의외로 중요한 경우가 많다. 그래서 기술자에게도 0.1mm의 차이를 만들어내는 장인정신이 중요한 것이다.

많은 사람들이 대가(大家)의 반열(班列)에 이르지 못하는 이유는 단순하고 작은 일이라고 대충 해버리기 때문이다.

하지만 **장인의 대열에 이르기 위해서는 소소해 보이고 단순해 보이며 반복적인 일이라 하더라도 0.1mm의 차이를 만들어내기 위해 정성을 다하는 꾸준한 인내와 끈기를 발휘해야 한다.**

세 번째 에너지원 : 끊임없는 '도전정신'

사람들은 본능적으로 안정에 대한 욕구가 있다. 실패자들도 자신이 원하는 삶을 위해 도전을 시도한다. 그들도 나름대로 성공과 실패의 경험을 가진다. 그러나 실패자들은 실패에 대한 두려움으로 작은 성공에 안주한다.

이에 반해 성공자들은 큰 성공에도 안주하지 않고, 끊임없이 새로운 도전과제를 만들어낸다. 실패자들은 기존의 방식을 고수하지만, 성공자들은 새로운 방식으로 접근한다.

힘든 상황이 닥쳐오면 실패자들은 어려운 과제여서 불가능하다고 말하지만, 성공자들은 도전할 만한 과제라고 즐거워한다. 성공자들은 살아 있는 한 끊임없이 도전을 즐긴다. 성공자들은 어려운 일이 닥칠수록 더욱 강해진다.

자가발전 동력기 개발 전략

1. 싫어하는 일이라도 열정의 에너지를 쏟아부으며 최선을 다하라.
2. 다른 사람과 0.1mm의 차이를 만들어내기 위해 인내하라.
3. 현재의 삶에 안주하지 않고 새로운 도전과제를 만들어내라.
4. 내가 가진 내재적 에너지원의 목록을 정리해보라.
5. 열정적으로 하고 싶은 일을 하기 위해 준비해야 할 사항을 정리하라.

나만의 자가발전 동력기 가동 전략은

끊임없는 탐구와 적용

도올 김옥용 선생은 귀에 거슬릴 정도의 날카로운 목소리에 세상을 향한 쓴소리를 마다하지 않기 때문에 많은 사람들로부터 비판을 받기도 한다. 하지만 그렇게 반대하는 사람들조차 그의 지식의 방대함에 놀라곤 한다.

사실 자신의 머리가 뛰어난 것은 아니었다고 도올은 말한다. 어릴 때부터 말이 느리고 어눌했으며, 학교 다닐 때는 성적이 늘 뒤떨어졌다고 한다. 그래서 그는 누구보다 묵묵하게 끊임없이 공부를 파고들었다고 한다.

어렵게 고려대 철학과를 졸업하고, 대만대, 동경대, 하버드대까지 차례로 석사와 박사과정까지 수료했다. 대학교수를 역임했음에도 불구하고, 40대 후반에는 한의대에 입학하여 한의사 자격증까지 취득했다.

도올은 마흔이 넘을 때까지 세상에 거의 알려지지 않고 공부만 하고 지냈다고 한다. 50대가 되어서야 각종 방송에서 동양철학과 종교에 대해 강의하면서 대중적인 인지도를 얻기에 이른다.

하지만 그는 외부에서 요청해오는 강의를 일체 거절한다고 한다. 그는 학문을 하는 학자이기 때문에 공부해야 할 것이 너무 많아서 강의하러 다닐 시간이 없다고 말한다. 방송강의는 국민적인 교육이기 때문에 할 뿐이라는 것이다.

도올과 같은 석학조차 끊임없이 배움을 갈구하고 탐구를 게을리

하지 않는다. 그런데 대부분의 사람들은 학교만 졸업하면 책을 던져두고 사는 경우가 허다하다.

직장인들은 직장생활을 하느라 시간이 없다고 말한다. 주부들은 아이들을 돌보느라 시간이 없다고 말한다. 학생들은 성적관리를 하느라 별도로 책을 볼 시간이 없다고 말한다.

책을 읽는다는 것은 시간이 남아서 하는 일이 아니다. 없는 시간을 쪼개어 만들어내야 하는 것이 책읽기이다.

필자는 학교생활에서는 언제나 중간에 머무르는 평범한 학생이었다. 나름대로 열심히 하는데도 그 모양이라 나는 늘 머리가 좋지 않다고 생각했다. 그래서 사회에 나와서도 지속적으로 공부했다. 여러 직업을 옮겨다녔지만 옮길 때마다 거의 밤늦도록 집중적으로 해당 분야의 실무지식을 습득하려고 노력했다.

본격적으로 책을 읽기 시작한 지는 몇 년 되지 않았지만 현재 하루 한 권 이상을 목표로 하여 매달 30여 권의 책을 읽는다. 공부할수록 내 지식의 빈약함에 부끄러움을 느낀다.

하지만 그나마 학습을 지속하는 것이 내 무지함을 덜 수 있는 유일한 방법이라고 생각하고 매순간 시간을 소중하게 여기며 학습을 지속하고 있다.

비저너리들은 이러한 면에서 누구보다 탐구에 열심이었다. 대부분의 위인들은 자신이 뛰어나기보다는 모자라다는 생각을 많이 했기 때문이다. 그런데 비전이 없는 사람들은 자신의 지능이나 재능을 지나치게 신뢰하거나 모자라다고 생각하고 오히려 더 이상 학습하지 않는 경우가 많다.

무엇보다 비저너리들은 학문하는 데 그치지 않고 그것을 자신의 삶에 적용하고 사회적으로 승화시키고자 노력한 흔적이 역력하다. 그래서 지속적으로 공부하는 과정에서 과거의 잘못된 사고와 이론은 즉시 수정하고 새롭게 적용하는 것을 주저하지 않는다. 배우면 배울수록 더욱 부족한 자기 모습을 찾을 수 있기 때문이다.

우리가 설령 성공의 길을 알고 있다 하더라도 목표를 달성하기 위해서는 그에 뒤따르는 세부 전략에 대해 지속적으로 학습해나가야 성취할 수 있다.

만일 당신이 꿈꾸는 비전을 성취하고자 한다면 현재 노력하는 시

끊임없는 탐구와 적용 전략

1. 생활 속에 필요한 주제별로 집중해서 책을 읽어라.
2. 지식을 받아들이는 데 그치지 말고 생활 속에 적용하라.
3. 아이와 같은 순수한 호기심을 잃지 말고 해답을 찾아라.
4. 지금보다 하루 평균 1, 2시간을 더 확보해 학습에 투자하라.
5. 한 분야에서 최고가 되기까지 집중적으로 파고들어라.

나만의 탐구와 적용 전략은

____

____

____

____

간에서 최소한 하루 평균 1, 2시간 정도만 더 시간을 내어 꾸준하게 10년간 투자하라. 그러면 그 꿈이 어떠한 것이든 반드시 달성할 수 있을 것이라고 장담한다. 어쩌면 당신은 계획했던 것보다 더 짧은 시간에 꿈을 성취한 자신의 모습을 보면서 자랑스러워하게 될지도 모른다.

체화된 행동력

인간의 뛰어난 논리력이 때론 방해가 된다. 대학이나 기업 강의를 나가다 보면 확실히 요즘 사람들이 예전 사람들보다 많은 정보와 지식을 갖추고 있다는 것을 알 수 있다. 그런데 행동력에 있어서는 예전만 못한 경우가 많다. 그래서 학생들이나 직장인들은 즉각적으로 효과를 볼 수 있는 성공비법을 알려달라고 한다.

그러면 필자는 딱 두 가지를 이야기한다. 첫째, 시간적으로 최소 3~5년간 집중적으로 투자하라. 둘째, 월 평균 최소 10~30만 원씩 꾸준하게 자기계발 비용으로 투자하라고 이야기해준다. 그런데 사람들은 자기계발에 투자할 만한 시간적 여유가 없고, 금전적인 여력이 없다고 말한다.

그래서 실제로 행동으로 옮기는 사람들은 5%도 채 되지 않는다. 그만큼 실천력이 뒤따르지 않는 사람들이 많은 것이다. 이런 간단한 몇 가지 실천사항만 지속한다면 누구나 성공할 수 있다.

배움을 추상적인 단어로 머리에 담아두지 말고, 행동으로 옮겨라. 그리하면 누구나 원하는 것을 성취할 수 있을 것이다.

기업의 채용 면접관으로 참여해서 자신의 장점을 이야기해달라고 하면 성실, 열정, 인간관계 등의 3, 4가지 대답이 가장 많이 나온다. 너무나 근본적이고도 중요한 요소들임은 자명한 사실이다.

그런데 정작 어떤 면에서 인간관계가 좋은지 실례를 들어달라고 하면 많은 사람들이 친구들이 어려워할 때 같이 술을 마시면서 어울려주기 때문이라고 대답한다. 그러한 자리가 많으냐고 물으면 일주일에도 몇 번씩 된다고 자랑하듯이 말한다.

하지만 그것은 장점이 아니라 대단히 치명적인 단점이 될 수도 있다. 우정을 나누기 위해서라면 그러한 시간을 보내는 것도 당연하고 중요할 것이다. 그러나 사람이 줏대 없이 무리들과 어울려 이리저리 다니다 보면 정작 중요한 일에 시간을 투자하지 못한 채 허송세월을 보낼 것이라고 판단할 수 있기 때문이다.

그런 면에서 우정과 술자리를 동일시하는 우리의 사회적 통념에 다소 문제가 있다.

진정한 인간관계를 맺기 위해선 상대의 관심사가 무엇이고, 그가 좋아하는 일들을 잘 해낼 수 있도록 내가 도와줄 수 있는 일이 무엇인지 알아야 한다. 또한 나와 더불어 그가 잘 할 수 있는 일은 무엇인지 파악하여 서로에게 도움이 되는 상생(相生)의 시너지 효과를 발휘할 수 있도록 만들어가는 것이 진정한 인간관계의 모습이 아닐까 한다.

우리는 쉽게 성실과 열정을 말하지만, 비저너리들의 성실과 열정은 실로 놀라울 정도이다. 대우중공업의 김규환 명장은 회사에서 수십 년간 밤샘작업을 밥 먹듯이 하면서 2만여 건의 제안과 100여 건의 특허를 얻을 정도로 불타는 열정을 가진 직장인이다.

회사에서 그의 안위를 염려하여 '강제 퇴근명령'을 내려서 퇴근을 강제로 시킬 정도였다고 하니, 일반 직장인이 생각하는 성실과 열정과는 사뭇 다르다는 것을 알아차릴 수 있다. 대개의 직장인은 일주일만 야근해도 무슨 일이라도 난 것처럼 난리를 부리기 십상인데 말이다.

사실 보통 사람들 중에서도 비전수립서의 문구가 화려한 사람들이 많다. 이에 반해 성공한 사람임에도 비전이 초라해 보이는 사람들이 있다. 그럼에도 불구하고 그러한 차이를 만들어내는 것은 탁월한 실행력에 기인한다.

비저너리들은 자신이 배운 깨달음에 대해 추상적인 단어로 그치지 않고 철저하게 몸으로 그 교훈을 체화(體化)시키기 때문이다. 그리고 그것을 행동으로 옮긴다. 그러나 비전이 없는 사람들은 머리로만 받아들이고, 몸으로는 받아들이지 못하는 경우가 너무 많다.

필자는 너무도 어리석었기 때문에 뛰어난 사람들의 이야기가 있으면 마음 깊이 받아들이고 가능한 한 즉각적으로 실행한다. 때론 나에게 맞지 않는 부분도 있지만, 내 삶 속에서 적용실험을 거쳐 나에게 적합한 새로운 행동을 이끌어내도록 만든다.

체화된 행동력을 이끌어내는 전략

1. 깨달은 바가 있을 때는 즉시 행동으로 옮겨라.
2. 추상적인 깨달음을 구체적인 행동으로 변환시켜라.
3. 좋은 행동은 습관이 될 때까지 반복적으로 실행하라.
4. 시행착오를 두려워하지 말고 새로운 경험에 도전하라.
5. 어떤 일이든 대충 마무리하지 말고, 승부근성을 키워라.
6. 3~5년간 시간적으로 집중 투자하라.
7. 월 평균 지출의 5~10%를 자기계발 비용으로 투자하라.

나만의 행동 전략은

____

____

____

____

대부분의 사람들에게도 인생의 해답을 얻는 기회가 많다. 그러나 실패자들은 깨달음을 행동으로 옮기지 못한다. 대충 하고도 전력을 다했다고 말한다. 그러나 성공자들은 혼신의 힘을 다한다.

성공자들은 그렇게 전력을 다하고도, 전력을 다하지 못해서 후회스럽다고 말한다. 당신이 얻은 깨달음이 있다면 그것이 무엇이든 자신의 삶 속으로 체화시켜 행동으로 분출하라.

지극한 이타심

유고슬라비아에서 태어난 마더 테레사 수녀는 지극히 가난한 자들 중에서도 가장 가난한 이들에게 봉사하라는 하느님의 부름을 받고 인도 캘커타의 빈민가에서 목숨이 다하는 날까지 타인을 위해 헌신한다.

그녀의 온화한 미소를 보면 종교를 초월한 성녀(聖女)의 모습이라는 데 이의를 제기하는 사람이 거의 없을 것이다. 자신을 완전히 버린 지극히 이타적인 마음과 행동으로 한평생을 살아갔기 때문일 것이다.

비저너리들이 처음부터 이타적이었던 것은 아니다. 그래서 종종 이기적이거나 위선적인 모습으로 비쳐지는 경우도 있었다. 하지만 그들은 점점 자신의 사회적 책임에 대해서 절감하고, 사회적 사명에 대해서 깨닫게 된다.

그에 따라 타인을 좀 더 나은 모습으로 만들고자 하는 마음으로 세상을 비추고 세상을 변화시키는 데 힘을 기울이는 것이다. 어쩌면 오늘날의 위대한 문명은 이러한 강력한 비저너리들의 힘으로 일궈낸 성취가 아닐까 하는 생각이 든다.

나치와 파시스트들이 실패한 이유도 자기애 중심의 비전만 있었지 이타적 비전이 없었기 때문에 결국 멸망에 이른 것이다. 따라서 우리의 비전에도 타인을 위하는 이타적인 마음이 담겨 있어야 한다.

기독교의 예수 그리스도나 불교의 석가모니는 두말할 것도 없이 지극한 성인으로 인류를 위해서 살았다. 이외에도 마하트마 간디, 마더 테레사, 크리슈나무르티 등의 수많은 성인들이 위대한 업적을 무수히 일구어냈다.

그러다 보니 이타적인 행위란 마치 전 인류나 국가적으로 큰 업적을 이루는 일이라고 생각한다. 그래서 성인들에게만 가능한 일이라고 생각하여 오히려 이타심을 외면하는 경향이 있다. 하지만 기업가에게도 이타적인 마음이 필요하고, 직장인에게도 이타심이 필요하다. 평범하게 살아가는 모든 사람들에게 필요한 것이 바로 다른 사람을 생각하는 이타심이다.

아마 세계에서 유일하게 자기 사업이 망하길 바라는 사람이 있다면 그는 바로 방글라데시의 그라민 은행 창업자인 무하마드 유누스일 것이다.

그는 가난한 나라 방글라데시에서 태어났지만 유복한 가정에서 성장하여 미국에서 박사학위까지 받는다. 고국으로 돌아와 치타공

대학의 경제학 교수로 재직한다. 하지만 국민 대부분이 빈곤한 상태에서 경제학을 가르치는 일에 회의를 느낀다.

고리대금업자에게 빌려준 돈으로 인해 일당 2센트(약 20원)를 받으며 혹독한 노동에 시달리는 사람들을 보고 그는 사재로 돈을 빌려주기 시작한다. 이를 계기로 1976년 그라민 은행의 밑그림을 그리고, 1983년 정식으로 은행을 설립한다. 극빈자들에게 무담보 신용만으로 돈을 빌려주는 가난한 자들을 위한 은행이다.

모두가 실패할 것이라고 그를 말렸다. 물론 사업 시작 후 10년 동안 적자에 허덕였디. 하지만 10년 후에는 흑자로 돌아섰을 뿐만 아니라 대출금의 99%를 회수할 정도의 견실한 은행으로 성장했다. 또한 대출 회수자 중 58%가 극빈층을 벗어나는 등 빈곤퇴치에 큰 공로를 세운다.

그 업적을 인정받아 2006년 노벨평화상 공동수상의 영예까지 얻는다. 지극히 이타적인 유누스의 비전이 사업을 성공시키고 노벨상의 영광도 얻을 수 있도록 만든 것이 아닐까[28]

이와 같이 위대한 사람만이 특정한 분야에서만 이타적인 행위를 하는 것은 아니다. 보통 사람들 역시 지극히 평범한 일상에서부터 이타심을 실천할 수 있다. 지나가는 사람들에게 따뜻한 미소와 눈빛을 보내자. 공중도덕을 지키도록 노력하자. 내가 속한 팀과 조직에 공헌하도록 노력하자.

우리는 너무 자기 중심적이거나 가족 중심적으로 자신의 테두리를 설정하고 타인들에게는 무관심한 경우가 많다. 타인을 배려하는 마음

을 가지고 세상을 밝히려 노력한다면 그 사랑이 부메랑처럼 자신에게
되돌아올 것이다.

이타심을 불러오는 전략

1. 역사적으로 위대했던 인물을 탐구하라.
2. 최소한 10~20년 후의 미래를 생각하라.
3. 다른 사람들의 생각에 귀를 기울여라.
4. 지나친 자기 위주의 세계를 경계하라.
5. 물질적 · 경제적 요인 이외의 가치를 생각하라.
6. 타인을 배려하는 마음으로 공중도덕을 지켜라.

이타심을 불러오는 나만의 전략은

____

____

____

____

Review check

1) 성공할 것이라고 생각하는가, 아니면 힘들다고 생각하는가. 왜 그런 생각을 하는가.

2) 내가 세운 비전으로 어떠한 변화들이 벌어지겠는가.

3) 내가 끊임없이 담구힐 분이는 무엇인기.

4) 내가 뼛속 깊이까지 간직해야 될 교훈은 무엇인가.

5) 나는 다른 사람을 배려해왔는가. 사람들을 배려하려면 어떤 행동을 취해야 하는가.

6) 나는 공중도덕을 잘 지키고 있는가. 내가 유의해야 할 도덕적 행동은 무엇인가.

모든 계획에는 항상 꿈이 있다.
그 꿈이 지속될 수 있다면 언젠가는 현실이 된다.
– 장 모네, 외교가

part 9

비전 달성을 위한 행동계획

이번 파트에서는 이제까지 읽어온 내용을 바탕으로 비전을 세우고 자신이 이루고자 하는 꿈을 기록하고 비전 달성을 위한 구체적인 계획을 작성해보는 행동계획 수립을 위한 양식을 제공할 것이다.

우리는 흔히 비전이라고 하면 개인적인 비전으로 받아들이는 경우가 많다. 물론 인생에서 가장 중심이 되는 주축은 분명코 자신이다. 하지만 인간은 혼자 살아가는 것이 아니라 관계 속에서 살아간다.

그래서 개인적인 비전과 더불어 가정이나 사회에서도 비전이 있어야 한다. 전통적으로 내려오던 가훈을 현대적인 방식으로 새롭게 포장하고 설계할 필요가 있다. 가정에 비전이 수립되면 당신을 비롯한 모든 가족 구성원이 올바로 나아갈 수 있다.

아마도 당신은 직장인이 아닐 수도 있다. 그러나 사회의 한 구성원임은 분명하다. 대부분의 경우 특정 기업, 기관, 조직의 구성원으로서 활동하고 있을 것이다. 그래서 누구나 사회 구성원으로서의 비전도 가지고 있어야 한다. 특히 직장인은 더욱 그러하다.

그냥 무의미하게 일하는 것이 아니라 비록 작은 일이라 하더라도 보람을 느끼기 위해서는 프로 직업인으로서의 비전이 뚜렷하게 서 있어야 한다. 이러한 개인, 가정, 조직에 대한 비전 양식을 차례로 제공할 것이다.

다음으로 인생의 궁극적인 목표에서부터 물질적인 요소에 이르기까지 이루고 싶은 꿈의 성취 목록표도 작성해볼 것이다. 우리나라 영화 〈해바라기〉는 젊은 날 폭력으로 물들었던 한 청년이 교화되어 사회로 나오면서 기록해둔 꿈의 목록을 소박하게 하나씩 달성해나가는 모습을 보여주고 있다.

영화 특성상 클라이맥스에서 평범한 그의 소망조차 이룰 수 없도록 만들어버려 관객을 눈물짓게 한다. 그러나 우리는 소망하는 목표에 대해서 목표목록을 기록하고 하나씩 실행해나가야 한다. 다만 자신의 비전을 방해하는 요소가 무엇인지 스스로 찾아내어 목록으로 정리하고, 제거전략을 수립하여 기록해본다면 큰 도움을 얻을 수 있을 것이다.

또한 인생 전반을 바라볼 수 있는 인생 계획표를 수립한 다음, 연간 계획을 어떻게 세울 것이며, 월간 계획과 주간 계획은 어떻게 잡을 것이고, 오늘 하루의 계획은 어떻게 잡을 것인지 일간 계획표까지 만들어서 삶의 계획을 잡아보는 양식을 제공할 것이다.

그리고 마지막으로 자신이 꿈꾸는 삶이나 이미지를 사진이나 잡지 등에서 발췌하여 직접 붙여두는 작업도 할 것이다.

이번 파트를 부록으로 다루지 않은 이유는 사실상 이 책에서 가장 중요한 실행 부분이라고 생각했기 때문이다. 일반적인 양식이구나 하고 그냥 넘어가지 말고 이 양식이 자기에게 맞지 않다고 생각되면 스스로 자신에게 적합한 양식으로 내용을 변경해서라도 여기에서 요구하는 내용을 모두 채워보자.

일단 다음의 양식에 따라 작성해본 다음, 나중에 이 내용에 따라 자신을 분석하고 외부에 보여주기 위한 포트폴리오 등으로 활용할 수도 있을 것이다. 물론 컴퓨터 파일로 전환하여 자기만의 양식을 만들어볼 수도 있겠다.

'내 인생을 위한 포트폴리오', '성공을 향한 나의 길', '비전 달성을 위한 000의 인생 계획' 등으로 제목을 정하고 앨범처럼 꾸민다면 자신을 알아가고 자신이 원하는 것을 성취할 수 있는 아주 훌륭한 도구가 될 것이다.

비전 선언문

나의 꿈, 나의 비전

작성자 :

작성일 :

■ 나의 핵심 비전

____

■ 나의 비전

____

____

____

____

____

■ 비전 달성을 위한 행동계획

____

____

____

____

____

____

– 핵심 비전을 한 줄로 압축해보라. 가능한 한 50자 이내로 기록하라.

– 나의 핵심 비전에 담긴 의미를 좀 더 상세히 나의 비전에 기술하라.

– 비전 달성을 위한 구체적인 행동계획을 마련하라.

– 스스로에게나 타인에게 다짐하고 공표한다는 생각으로 기록하라.

우리 가족의 꿈

우리 가족의 꿈과 비전

작성자 :

작성일 :

■ 가족의 핵심 비전

____

■ 우리집 가훈

____

____

■ 가족의 꿈 목록

____

____

____

■ 가족의 행복 실천안

1.	6.
2.	7.
3.	8.
4.	9.
5.	10.

– 행복한 가정이 되기 위한 가족의 비전과 행복 실천안을 마련해본다.

– 가족의 꿈 목록에 구성원들의 소원 목록을 작성해본다.

– 어른들의 입장에서 일방적으로 정하기보다는 가족들과 정기적 모임을 갖고 마련해보는 것이 좋다.

조직에서의 비전

조직에서의 비전과 목표

작성자 :

작성일 :

■ 나의 핵심 직업관(직업의 비전)

____

■ 조직/사업부의 비전

____

____

____

■ 구성원으로서의 비전과 목표

____

____

____

■ 나의 조직 행동강령

1. ____

2. ____

3. ____

4. ____

5. ____

– 성공적인 조직생활을 위한 자신만의 비전과 행동강령을 만들어본다.

– 자신의 직업관, 철학, 신념으로 생각해서 기록할 수도 있을 것이다.

– 조직 구성원으로서의 구체적인 행동지침을 스스로 만들어본다.

이루고 싶은 성취 목록표

나의 성취 목록표

작성자 :

작성일 :

순위	꿈의 목록 내용	중요도	달성시기	평가
1				
2				
3				
4				
5				
6				
7				
8				
9				
10				
11				
12				
13				
14				
15				
16				
17				
18				
19				
20				

– 가슴이 설렐 정도로 자신이 가장 가지고 싶은 물건의 목록을 기록하라.

– 가슴이 두근거릴 정도로 자신이 가장 되고 싶거나 하고 싶은 일을 기록하라.

– 일단 우선순위에 구애받지 말고 무작위로 목록표에 기록한 다음, 구체적인 달성 시기와 우선순위를 기록하여 연간 목표로 이룰 만한 목록을 별도로 정리하라.

– 중요도에 100점 만점 기준 또는 A+~F 학점 평가기준 등 자신만의 표기방법으로 중요한 정도를 표시하라.

비전 달성 방해요소 제거전략

비전 달성 방해요소 제거전략

작성자 :

작성일 :

순위	비전 달성에 방해되는 요소	제거/대처전략	제거일정	평가
1				
2				
3				
4				
5				
6				
7				
8				
9				
10				

- 자신의 비전을 달성하는 데 방해가 되는 요소를 차례로 기록한다.
- 방해요소를 제거하기 위한 전략과 일정을 수립하고 평가한다.

인생 계획표

인생 계획표

작성자 :

작성일 :

연도	나이	나의 과제	사회적 지위	경제적 목표	평가

– 수명이 다하는 날까지 인생 계획을 구체적으로 마련하라.

– 해마다 평가를 통해서 목표 달성 여부를 점검하라.

연간 계획표

○○○○연도 연간 계획표

작성자 :

작성일 :

월	수행해야 될 목표	중요도	수립전략	평가
1				
2				
3				
4				
5				
6				
7				
8				
9				
10				
11				
12				

- 1년간 해야 될 계획을 월간 단위 또는 목록으로 나열하라.
- 목표 달성을 위한 수립전략을 스스로 세워라.
- 연초에 전년도 목표 달성 여부를 스스로 평가하라.
- 중요도에 중요한 정도를 표시하라.
- 복사하여 다이어리로도 활용하라.

월간 계획표

○○월 월간 계획표

작성자 :

작성일 :

월	수행해야 될 목표	중요도	수립전략	평가
1				
2				
3				
4				
5				
6				
7				
8				
9				
10				
11				
12				
13				
14				
15				
16				
17				
18				
19				
20				
21				
22				
23				
24				
25				
26				
27				
28				
29				
30				
31				

- 1개월간 해야 될 중요 계획을 일간 단위 또는 목록으로 나열하라.

- 목표 달성을 위한 수립전략을 스스로 세워라.

- 중요도에 중요한 정도를 표시하라.

- 매월 초에 전월의 목표 달성 여부를 스스로 평가하라.

주간 계획표

○○월 주간 계획표

작성자 :

작성일 :

순위	요일	수행해야 될 목표	중요도	수립전략	평가
1					
2					
3					
4					
5					
6					
7					
8					
9					
10					
11					
12					
13					
14					
15					
16					
17					
18					
19					
20					

- 1주일간 수행해야 할 중요 계획을 요일 단위 또는 목록으로 나열하라.

- 목표 달성을 위한 수립전략을 스스로 세워라.

- 중요도에 중요한 정도를 표시하라.

- 매주 초에 전주의 목표 달성 여부를 스스로 평가하라.

- 복사하여 다이어리로도 활용하라.

일간 계획표

00일 일간 계획표

작성자 :

작성일 :

시간	수행해야 될 목표	중요도	수립전략	평가
1시				
2시				
3시				
4시				
5시				
6시				
7시				
8시				
9시				
10시				
11시				
12시				
13시				
14시				
15시				
16시				
17시				
18시				
19시				
20시				
21시				
22시				
23시				
24시				

– 하루 내 수행해야 할 중요 계획을 시간 단위 또는 사건 중심의 목록으로 나열하라.

– 목표 달성을 위한 수립전략을 스스로 세워라.

– 중요도에 중요한 정도를 표시하라.

– 전날 밤에 계획을 세우고 매일 밤 하루의 목표 달성 여부를 스스로 평가하라.

– 복사하여 다이어리로도 활용하라.

비전을 성취한 나의 미래 영상 ①

작성자 :

작성일 :

■ 나의 미래 영상 1

- 자신이 꿈꾸는 꿈과 비전을 성취한 미래 영상, 사진, 이미지를 붙여본다.
- 예를 들어 새로 구입할 저택, 자동차, 강연하는 모습 등의 성공 이미지를 붙여본다.

비전을 성취한 나의 미래 영상 ②

■ 나의 미래 영상 2

- 자신이 꿈꾸는 꿈과 비전을 성취한 미래 영상, 사진, 이미지를 붙여본다.
- 예를 들어 새로 구입할 저택, 자동차, 강연하는 모습 등의 성공 이미지를 붙여본다.

Review check

1) 단 한 줄의 비전을 만들어라.

- 최대 100자 미만으로 자신의 비전을 한마디 또는 한 문장으로 압축해보자.
- 액자, 코팅 또는 그냥 출력해서라도 사무실과 가정 곳곳에 붙여두자.
- 이 비전을 잊지 말고 아침마다 외치고 시간 날 때마다 암송하자.

2) 비전을 위해 오늘부터 죽을 때까지 지속할 행위 하나를 기록하라.

- 경우에 따라서 3, 4가지로 늘릴 수도 있겠으나 가능한 한 너무 많이 늘리지 마라.
- 지금 기록한 이 약속을 어기지 말고 반드시 지켜나가길 바란다.
- 자신이 기록한 다짐을 눈에 보이는 곳곳에 기록하고 붙여두자.

목숨을 걸고 하면 안 될 일이 없다. 직장일도 종교처럼 맹신해보라.
실패는 성공으로 가는 지름길이며, 성공의 한 과정일 뿐이다.
– 김규환, 품질명장

부록

유명인의 비전

김춘수, 시인

어떠한 경우에도 강한 의지와 성실한 자세로 사물의 본질과 삶의 의미를 추구하려는 노력과 진지한 자세를 가진다.

앙리 파브르, 곤충학자

작은 곤충의 생리 연구를 통해서 우리 인간이 배워야 할 교훈을 찾아내겠다.

나폴레온 힐, 성공학자

성공한 사람들을 연구하여 누구나 성공할 수 있는 성공법칙을 알아내고 일반인들에게 전파하겠다.

빅터 프랭클, 의미치료의 창시자

수용소에서 반드시 살아남아 나치의 잔혹성을 세계에 알리고, 인간의 병적인 정신상태를 치유하는 심리학자가 되겠다.

지승룡, 민들레영토 대표

도시인에게 문화공간을 제공하고, 어머니와 같은 정성으로 고객을 감동시키겠다. 마더 마케팅의 전도사가 되겠다.

김태연, TYK 그룹 총수

인간에게 놓인 모든 핸디캡을 물리치고 누구나 성공할 수 있다는 신념을 전파하겠다. "He can do, she can do, why not me."

이상정, 요리명장

접시 닦는 작은 일 하나라도 모든 정성을 기울인다.

피터 드러커, 경영학자

살아가는 동안 완벽은 언제나 나를 피해 갈 테지만, 그렇지만 나는 또한 언제나 완벽을 추구하리라.

주세페 베르디, 작곡가

음악가로서 나는 일생 동안 완벽을 추구해왔다. 완벽하게 작곡하려고 애 썼지만, 하나의 작품이 완성될 때마다 늘 아쉬움이 남았다. 때문에 나에게 는 분명 한 번 더 도전해볼 의무가 있다고 생각한다.

강헌구, 비전 전도사

비전 수립일 : 1996년 1월 1일

나의 사명은 21세기 지구촌을 책임질 사람들에게 필요한 비전과 리더십 의 원리를 전파하는 것이다. 나는 이 사명을 감당하기 위해 2010년까지 비 전, 리더십 분야의 세계적인 베스트셀러를 내놓을 것이며, 그때까지 전 세 계에 100개의 비전스쿨을 설립할 것이다.

삼봉 정도전, 개혁자

민본이 올바로 서는 이상주의적 국가를 건설하겠다.

마틴 루터 킹, 인권 목사

우리는 지금 비록 역경에 시달리고 있지만, 나에게는 꿈이 있습니다. 언젠가는 조지아의 붉은 언덕에서 옛 노예의 후손들과 노예주인의 후손들이 형제처럼 손을 맞잡고 나란히 앉게 되리라는 꿈입니다. 나에게는 꿈이 있습니다. 이글거리는 불의와 억압이 존재하는 미시시피 주가 자유와 정의의 오아시스가 되는 꿈입니다. 나에게는 꿈이 있습니다. 내 아이들이 피부색을 기준으로 사람을 평가하지 않고 인격을 기준으로 사람을 평가하는 나라에서 살게 되리라는 꿈입니다. 지금 나에게는 꿈이 있습니다!

간디, 평화주의자

누가 여러분의 뺨을 치더라도 되받아 쳐서는 안 됩니다. 누가 여러분에게 화살을 쏘더라도 되받아 화살을 쏘아서는 안 됩니다. 누가 여러분에게 욕을 한다고 해도 되받아 욕을 해서는 안 됩니다. 그저 계속 걸어가십시오. 우리 중에는 그곳에 도착하기 전에 죽는 사람도 있을 수 있고, 감옥으로 끌려가는 사람도 있을 수 있습니다. 하지만 그렇다고 해도 우리는 계속 걸어가야 합니다.

김규환, 품질명장

목숨을 걸고 하면 안 될 일이 없다. 직장일도 종교처럼 맹신해보라. 실패는 성공으로 가는 지름길이며, 성공의 한 과정일 뿐이다.

빌 게이츠, 마이크로소프트 회장

세상의 왕이 되겠다. 이를 위해 개인용 컴퓨터를 전 세계 가정에 보급하여 컴퓨터 업계의 제왕이 되겠다. 전 세계를 미래의 무한 속도경쟁 시대로 이끌겠다.

스티브 잡스, 애플의 CEO

우주에 영향을 미치자. (Make a Dent in the Universe.)

앤서니 라빈스, 세계적 동기부여가

인류의 삶에 상당한 발전을 가져온다. 이를 위해 즉각적으로 사람을 변화시킨다.

레이 크록, 맥도날드 창립자

회사를 통해 세계에서 최고로 많은 백만장자를 배출하겠다.

도널드 트럼프, 사업가

내 사전에 지나친 것은 없다.

도올 김용옥, 철학가

고전의 지혜를 통해 인류의 보편적 가치를 추구한다.

백기락, 크레벤 그룹 회장

성공은 도전과 열정의 결과물이다. 나는 지식을 배우고 경험하며, 헌신을 통해 사람들에게 미지의 세계를 가도록 도와주는 등불이 되겠다.

정철상, 인재개발 전문가

자신의 가치를 높이고, 타인의 가치를 높인다. 이를 달성하기 위해서 국내 최고의 인재개발 전문가로서 목숨이 다하는 날까지 집필, 교육, 코칭활동에 전념하겠다.

아인슈타인, 물리학자

나는 어린애 같은 질문을 하고 그 해답을 찾으려고 노력한다.

지그문트 프로이트, 정신분석학자

인간 심연의 보이지 않는 의식을 분석한다.

칼 융, 분석심리학자

인간 행동이 그 다양성으로 인해 종잡을 수 없는 것같이 보여도, 사실은 아주 질서정연하고 일관된 경향이 있으므로 그 사실을 입증할 수 있는 심리적 유형이론을 창안하겠다.

헨리 올포트, 특질심리학자

프로이트와 같은 심리학자들처럼 인간의 무의식에 자리 잡고 있는 알지도 못하는 어두운 면만 캐내는 것보다는 인간의 외부에서 드러나는 의식과 동기 등에 대한 밝은 측면을 연구해 건강하고 성숙한 인간 모델을 찾겠다.

에리히 프롬, 사회학자

나는 개인의 생활을 지배하는 법칙과 사회의 법칙을 찾아내겠다.

이소룡, 무술가이자 영화인

나는 앞으로 미국에서 최고의 출연료를 받는 슈퍼스타가 되겠다. 이 목표를 달성하기 위해 맡은 역할에 최선을 다하며 관중들에게 최고의 쿵후를 선사하겠다. 1970년에는 세계적인 액션배우가 되고, 1980년대 말까지 백만장자가 되어 행복을 만끽하고 즐거운 생활을 할 것이다.

마돈나, 가수이자 영화배우

나는 어릴 적부터 오로지 세상을 지배하고 싶다는 단 하나의 목표만 가졌다.

짐 캐리, 영화배우(무명 배우 시절의 꿈)

영화 한 편당 1,000만 달러(약 100억 원)를 받는 배우가 되겠다.

폴 마이어, 동기부여가

모든 사람이 자신의 잠재능력을 최대한으로 발휘할 수 있도록 그들에게 동기를 부여하겠다.

백상 장기영, 기업가

뛰면서 생각하라.

마거릿 미드, 인류학자

나는 평생을 먼 곳에 사는 이민족들의 삶을 연구했다. 그 목적은 미국인들이 자기 자신을 보다 더 잘 이해할 수 있도록 하기 위해서이다.

마사 스튜어트, 출판인

열정적 완벽주의가 성공의 길이다.

디오게네스, 철학자

나는 아테네인도 그리스인도 아니고 세계의 시민이다.

알프레드 슬론 2세, 기업가

오늘날 남성, 여성, 아이, 그리고 앞으로 태어날 세대 등 모두에게 제너럴모터스의 영향력이 미치도록 하겠다.

정주영, 현대그룹 창설자

시련은 있어도 실패는 없다.

이명박, 정치가이자 전직 기업가

신화는 없다. 끝없이 도전하여 새로운 미래를 창조한다.

마거릿 대처, 전 영국 수상

나는 영국의 '새로운 시작'과 '국민의 위임사항', 그리고 '경천동지의 변화'를 추구할 것이다.

예카테리나, 러시아 여황제

나는 언젠가는 러시아의 황제가 될 것이라는 믿음을 단 한순간도 잊지 않았다.

노만 빈센트 필, 목사이자 강연가

적극적인 사고방식으로 살아간다. 믿는 만큼 이루어진다.

교황 요한 23세

우리는 우선 인간이고, 그 다음으로 종교적 존재이다. 우리는 이 세상을 재앙으로부터 구해내고 항구적인 평화를 정착시키기 위해 서로 협력해야 한다.

마더 테레사, 수녀

나의 길은 영적 어린아이의 길이고, 믿음의 길이며, 나를 완전히 버리는 길이다.

링컨, 전 미국 대통령

미국이 새로운 자유 속에서 다시 태어나고, 국민의, 국민에 의한, 국민을 위한 정부가 이 지구상에 영원히 존속되도록 한다. 이를 위해 노예의 자유를 포함한 평등과 자유를 추구하고, 모든 사람에게 공정한 기회를 제공하는 나라를 건설한다.

무하마드 유누스, 그라민 은행 창업자

전 세계에서 경제적으로 힘들어하는 극빈층을 도와주고 이들을 빈곤에서 탈출시키겠다. 이를 위해 1차적으로 2015년까지 세계 극빈자층의 수를 2000년 현재 수준의 반으로 줄이겠다.

주몽(동명왕), 고구려의 시조

하늘 아래 가장 강대하고 윤택한 나라, 백성이 주인이 되는 나라를 세우겠다.

존 고다드, 탐험가

- 탐험할 장소 : 이집트 나일 강, 남미 아마존 강, 중국 양자강 등
- 원시문화 답사 : 콩고, 뉴기니 섬, 브라질, 보르네오 섬 등
- 등반할 산 : 에베레스트 산, 킬리만자로 산, 아콩카과 산 등
- 배워야 할 것 : 의료활동, 비행기 조종술, 말타기 등
- 사진찍기 : 이과수 폭포, 빅토리아 폭포, 나이아기리 폭포 등
- 수중탐험 : 플로리다 산호 암초, 홍해, 피지 군도 등
- 여행할 장소 : 북극과 남극, 파나마 운하, 타지마할 묘 등
- 수영하기 : 니카라과 호수, 빅토리아 호수, 슈피리오 호수 등
- 해낼 일 : 전 세계 국가 방문, 도서출판, 달 여행 등

* 존 고다드는 127개의 소원 중 126개의 소원을 모두 성취함.

*유명인의 비전은 그들의 일대기를 다룬 도서, 자료 등에서 일부분을 인용 또는 참조했다. 또한 일부는 필자가 유명인의 비전을 임의로 해석하여 게제한 부분이 있어 실제로는 다를 수도 있음을 밝힌다. 하지만 위대한 인물들의 꿈과 비전을 읽어보고 자신의 비전과 비교해보는 것이 도움이 될 듯하여 자료를 별도로 수집했다.

악인의 비전

무작위순

히틀러, 독재주의 정치가

게르만족은 특별하고 우수한 민족으로 전지전능한 리더를 필요로 한다. 유대인, 공산주의자, 국제주의자는 모두 사악한 세력이다. 내부와 외부의 반대파를 물리치는 데는 분열책략이 효과적이다. 투쟁과 전쟁은 인간의 지상과제이다.

무솔리니, 파시즘적 독재자

이탈리아 정치에서 새로운 대중은 가장 중요한 요소이다. 유혈투쟁으로 이룩한 파시즘에 최고 권력을 부여해야 한다. 로마의 정신을 복원하고 독일과는 동맹관계를 맺어야 한다. 개인은 국가에 종속된 존재이다.

스탈린, 공산주의자

마르크스 레닌주의 사상은 사회를 위한 최선의 길잡이다. 세계 혁명이 수행되기 전에 먼저 국가 내에서 사회주의가 건설되어야 한다. 소련은 산업강국으로 성장해야 한다. 어떠한 고난에 직면하더라도 집단농장화를 추진해야 한다. 당과 지도부에 반대하는 모든 세력은 제거되어야 한다.

마오쩌둥, 사회주의 정치가

오직 사회주의만이 정당한 목표이자 목숨을 걸 만한 대의명분이다. 삶은 투쟁으로 점철되어 있다. 천재성은 바로 민중에게 있다. 지식인들을 경계해야 하며, 프롤레타리아 계급이 이 세계의 주도권을 쥐어야 한다. 지식은 경험에서 나온다. 삶에서 핵심적인 사안은 권력이다.

레닌, 사회주의 정치가

러시아는 레닌주의와 러시아의 요소가 가미된 마르크스주의가 필요하다. 일반 노동자들은 혁명의 선봉장이 되어야 하지만, 지식인들 중심의 당 지도부가 중추적인 역할을 수행해야 한다. 혁명당원들이 주도하는 무장투쟁은 필연적인 것이다.

도조 히데키, 군국주의자

일본인은 우수한 인종이고 천하무적이다. 독일은 훌륭한 동맹국이다. 전쟁 노력과 군국주의를 지지하여 제국국가를 건설한다.

후세인, 전 이라크 대통령

모든 이라크인은 한 가족이며 내가 바로 아버지이다. 나에 대한 어떠한 형태의 반대도 반역이다. 난 위대한 인물로 역사에 남을 것이다.

폴 포트, 캄보디아의 대학살자

혁명을 통해 사회주의를 건설하겠다. 이후에는 캄보디아를 자립국가로 만들겠다. 이를 위해 모든 국민이 집단으로 농업에 종사하도록 한다. 농업을 통한 잉여생산을 통해 중공업 국가로의 기반을 다지겠다. 1980년까지 세상에서 하나뿐인 완벽한 자립국가를 건설한다. 이를 위배하는 사람이나 지식인들은 모조리 숙청한다.

*위대한 비저너리들과 달리 히틀러, 무솔리니, 마오쩌둥, 스탈린, 레닌, 히데키 등의 인물은 인류 역사의 죄인들로서 잘못된 비전을 가지고 어떻게 살아왔는가를 대표적으로 보여주고 있다.

이들이 자신의 잘못된 비전과 신념으로 인류에게 어떤 해악을 끼쳐왔는지 위대한 인물들의 비전과 대비하여 보여주기 위해서 하워드 가드너의 《통찰과 포용》의 부록 내용 중에서 일부 발췌해 '악인의 비전'으로 게제했다.[29] 후세인과 폴 포트는 별도의 자료조사를 통해 임의로 게제했다.

일반인의 비전

강민수, 의정부 충의중학교 2학년(비전 수립 당시)

나는 내 삶의 시간에 쫓기지 않겠으며, 내 장래에 흥미와 자부심을 갖고, 일편단심의 마음으로 내 인생에 흔들림이 없도록 내게 끈을 묶어두겠다.

김경남, 행복 코치

세상 사람들이 좀 더 행복해지도록 행복을 전파하겠다.

김경모, 성원산업개발

나는 내 인생의 주인공으로서 내 꿈과 의미 있고 목적 있는 삶을 살아가기 위해 존재하며, 나 자신에 대한 신뢰와 자신감이야말로 이것을 이루는 진정한 힘의 근원임을 믿는다. 항상 겸허한 마음으로 배우고 나 자신을 변화시켜 나의 변화가 나와 인연을 맺은 사람들의 삶을 변화시키고, 그들이 삶의 목적을 찾는 데 도움이 되도록 노력한다. 위기와 고통이 나를 성숙시키고 나의 결단이 내 인생을 변화시킬 수 있음을 믿으며, 항상 원칙에 근거한 균형 있는 사고와 행동으로 인생을 살아간다.

- 남편으로서 : 아내의 소중함을 인식하고 존경과 사랑으로 사소한 것에도 관심을 가지고, 함께 나누며 발전할 수 있도록 '항상 대화하는 친구'가 된다.

• 아빠로서 : 항상 솔선수범하여 존경받는 가장이 되도록 노력하며, 이 세
  상에 남겨놓은 또 하나의 젊음이고 사랑이며 새로운 세상인 아이들에게
  힘껏 배워서 늘 푸르고 고운 사람이 되도록 이끌어주는 '눈높이 아빠' 가
  된다.

• 아들, 사위, 형제로서 : 언제나 화목한 집안이 되도록 관심과 사랑을 가
  지고 가족사에 함께 하며, 가족의 즐거움과 어려움을 함께 나누는 '언제
  나 믿고 의지하는 가족 구성원' 이 된다.

• 친구로서 : 더불어 살아가는 진정한 가치를 인식하고 남을 먼저 배려할
  줄 아는 친구가 되어, 훗날 인생의 마지막 길에서 '항상 베풀 줄 알고 친
  절했던 정말 멋진 친구' 로 기억되는 사람이 된다.

• 조직 구성원으로서 : 맡은 분야에서 항상 최고가 되기 위해 노력하고, 나
  의 업무수행 결과가 나의 자신감과 조직의 성장에 영향을 끼친다는 것을
  인식하여 '솔선수범하고 부단히 정진하는 조직원' 이 된다.

김환명, YTN 인재개발팀

1. 항상 주님 안에서 기뻐하며 생활하자.

2. 가정에서의 역할을 잘 해내자.

3. 직장에서 공명심으로 일하자.

4. 부모님께 효도하자.

5. 가족간에 우애하자.

6. 나의 몸관리를 잘 하자.

7. 항상 봉사에서 행복을 찾자.

박문규, 우리은행

정직, 성실이라는 무기로 나를 끊임없이 쇄신하여 지금보다 더 나은 삶을 원하는 모든 이들에게 그들의 성공을 위해 사랑과 봉사로 헌신한다. 이를 위해 세계적인 동기부여가로 성장한다.

서필환, 성공학 강사

2030년 9월까지 명품강의 5,000회를 달성한다. 강의에 미치면 미치고, 안 미치면 못 미친다. 뜨거운 열정과 철저한 준비로 재미와 참여를 통해 교육 참여자를 100% 변화시킨다.

오수민, 연구원

나는 열정적인 태도와 즐거운 마음을 가지고 끊임없이 지식을 탐구하고, 배운 것을 활용하며, 가족, 친구, 동료에게 긍정적인 에너지를 나누어주는 사람이 되겠다.

작자 미상

9988234 (99세까지 88하게 살다가 2일간 아프고 3일 만에 즉4함)

최왕기, MEMC 책임연구원

엔진을 단 엔지니어이고 싶습니다.

하승범, SC제일은행

나는 자기계발을 통해 지혜롭고 현명한 코치로서 파트너들과 매일 더 나은 삶을 성취하고 행복을 실현하는 본보기가 된다. 나는 2020년 8월 3일까지 순재산 5조 원대의 세계 최고의 자아실현 멘토, 행복 실현 리더, 가치실현 빌더이다.

목표 :

나는 모든 면에서 매일 1%씩 나아진다.

나는 내가 원하는 사람과 환경을 이끌어낸다.

나에게 모든 기회는 문제로부터 시작된다.

*위의 비전은 필자가 잘 아는 사람들 중에서 비전을 보내주신 분과 프랭클린 포럼 중에서 '비전-공유' 게시판에 올려두신 분들의 허락을 얻어 게제한 일반인의 비전입니다. 도움을 주신 모든 분들께 진심으로 감사드립니다.

이제 자신의 꿈을 좇고, 자신을 찾아가는 짧은 비전 여행을 마쳤다. 이번 여행은 어떠했는지 궁금하다. 생각해야 할 부분이 많았을 것이다. 무엇보다 틈틈이 기록해야만 되는 부분이 있어서 다소 힘들게 느껴진 점도 없지 않았을 것이다.

기록하기의 중요성은 단지 그것이 내 인생의 문제에 대한 해답을 준다는 데만 있는 것이 아니다. 물론 문제에 대한 즉각적인 해답을 얻을 수도 있다. 그렇다면 당신은 행운아가 될 것이다. 그러나 불행히도 대부분의 사람들은 곧바로 인생의 해답을 얻을 수는 없다.

기록하기는 결국 문제를 바라보는 내 시각의 변화를 위해 필요한 것이다. 내가 나에 대해서 생각하고, 내가 원하는 것에 대해 집중하고, 나의 꿈을 마음에 품었다는 그 자체로 인식의 변화를 가져올 수 있다는 것이다.

어린아이의 질문하기도 마찬가지이다. 부모가 정확한 대답을 알려주는 것이 중요한 것이 아니라, 아이가 원하는 것을 얻으려면 스스로에게나 누군가에게 질문을 던져야 한다는 사실을 깨닫게 만들어야 한다.

당장의 기록이 긍정적인 면만 제시하지 않을 수도 있다. 평소에 생각하긴 했지만 기록해보지 않았기에, 그래서 깊이 있게 생각해보지 못하고 기록했을 확률이 높기 때문에 그럴 수 있다. 그러나 중요한 것은 그러한 질문과 답변의 과정 속에서 본인 스스로가 잘잘못을 판단하고 평가할 수 있게 된다는 것이다.

이 책을 통해서 생명력 있는 비전을 제대로만 수립했다면 이제 당신은 성공을 향해 나가는 황금열쇠를 가지고 성공 톨게이트를 통과한 셈이라고 말할 수 있겠다.

좀 더 가속도를 붙이고 싶다면 지속적으로 학습해나가면서 자신의 삶 속에서 깨달음을 실천해야 할 것이다. 그리고 비전과 더불어 삶의 근본이라고 볼 수 있는 '자아(自我)'를 찾는다면 안전운전을 유지할 수 있을 것이다. 왜냐하면 자아 속에 인생의 해답이 숨겨져 있기 때문이다.

그리고 좀 더 도움을 얻기 위해서는 어떻게 직업생활을 하고 직업 분야에서 성공할 수 있을지 직업적 성공전략을 세워야 할 것이다.

또한 삶의 목적지에 성공적으로 도착하기 위해서는 우리 인생의 궁극적인 목표라고도 할 수 있는 '성공과 행복'을 이해해야만 궁극적인 삶의 축복을 누릴 수 있을 것이다.

이 책은 사회생활을 위한 자기계발 입문서이자 지침서로서 생명력 있는 비전을 구축하기 위한 전략을 다뤘다. 다음에 언급할 책들을 필요에 따라 주제별로 선정해서 볼 수도 있겠지만, 가능한 한 그

책들을 모두 한 번씩 훑어보는 것이 도움이 되리라 사료된다. 그 모든 책을 아울러야 인생의 전반적인 의미를 보다 전체적으로 이해할 수 있으리라 생각되기 때문이다.

필자는 5년간의 직업군인 생활을 제외하고도 10여 년이 넘는 직장생활을 해오면서 대학에 재학할 때의 파트타임 일부터 기업의 대표이사에 이르기까지 무려 20여 가지 이상의 직업을 거쳤다.

사실 평범하고 재능이 부족하다는 것을 누구보다 잘 알고 있던 필자로서는 수많은 시행착오를 겪을 수밖에 없었다. 그러한 직업적 갈등과 고뇌가 오히려 인재개발 전문가로서 활동하는 데 많은 도움이 된 듯하다.

그렇게 10년간 커리어 전문가로 활동하면서 나와 같이 진로와 인생에 대해 고민하는 분들을 위해서 나 스스로 배우고 느낀 부분 중에서 가장 중요하다고 생각되는 '비전'에 대한 내용을 먼저 다뤘다.

필자가 출판을 문의하며 들은 질문 중 하나가 '이 책을 통해 궁극적으로 전달하고자 하는 메시지가 무엇인가?' 였다. 내용에 다 들어 있다고 생각했지만, 실제로 전달력이 떨어진다는 생각이 들어서 마음에 두었던 제목도 변경해 지금의 제목을 선정하게 되었다.

필자가 궁극적으로 하고자 하는 말을 함축적으로 줄여서 말한다면 '생명력 있는 비전을 가져라. 그리고 죽는 날까지 실행하라' 일 것이다. 좀 더 구체적으로 말하면 '자신뿐 아니라 타인과 인류를 아우르는 원대하고 올바른 비전을 세우고, 구체적으로 자신의 삶 속에서 실행하여 목숨이 다하는 날까지 올바르게 나아가고, 비전을 성취하도록 전력을 다하고, 나아가 다른 사람들에게도 자신의 비전을 전파하여 세상을 밝게 만들자' 는 것이라고 할 수 있겠다.

그리고 비전 달성을 위해서 구체적인 실천방법을 배워야 할 내용이 많으므로, 독자 스스로 지속적으로 학습해나가면서 지식과 경험을 익히고 몸으로 마음으로 체득해나갔으면 하는 바람이 담겨 있다.

사실 내용적인 측면에서는 필자의 독자적인 이론이라기보다는 다른 뛰어난 분들의 이야기 중 실제적으로 도움이 되고 교훈이 될 만한 내용을 좀 더 읽기 쉽게 보기 좋게 이해하기 쉽게 담아 한 자리에 모았을 따름이다.

그래서 책을 쓰는 동안에도 내 지식의 빈약함에 무한한 부끄러움을 느꼈다. 하지만 독자들에게 작으나마 깨달음과 영감을 주고자 하는 욕심으로 나보다 더 나은 사람들의 이야기를 많이 모으려고 노력했다.

기꺼이 저작을 허락해준 출판사와 저자분들에게 감사를 드린다.

독자 여러분은 필자의 부족함은 잊어버리고 자신이 느낀 그 깨달음을 생활 속에서 실천함으로써 실제적인 효과를 보았으면 하는 바람이다.

부족한 부분이 많더라도 너그러이 양해해주길 바라며, 모쪼록 자기계발을 위한 지침서로, 또한 성공과 행복을 위한 비전 지침서로 좋은 안내자가 되었으면 하는 욕심을 내본다.

원고를 마감하며

지은이 정철상

1. 박종하, 《창의력 에세이 개작》, 코리아인터넷닷컴, 2003년 1월

2. 켄 블랜차드, 조천제 역, 《비전으로 가슴을 뛰게 하라》, p. 117~118, 21세기북스, 2006년 5월

3. 앙리 파브르, 정석형 역, 《파브르 곤충기》, 두레, 2000년 4월
강헌구, 《아들아 머뭇거리기에는 인생이 너무 짧다》, p. 60~61, 한언, 2003년 11월

4. 듀에인 슐츠, 이혜성 역, 《성장심리학》, p. 172~173, 이화여대출판부, 2001년 8월
빅터 프랭클, 이시형 역, 《죽음의 수용소에서》, 청아출판사, p. 41~42, 2005년 12월

5. 스티븐 코비, 김경섭 역, 《소중한 것을 먼저 하라》, p. 151, p. 246, 김영사, 1998년 11월

6. 공병호, 《자기경영노트》, p. 20~24, 21세기북스, 2005년 7월
《네이버 백과사전》, 《두산세계대백과 사전》

7. 강헌구, 《아들아 머뭇거리기에는 인생이 너무 짧다1》, p. 70~71, 한언, 2003년 11월

8. 레이 크록, 김민기 역, 《맥도날드 쿠데타》, p. 152, 책과 길, 1992년 4월

9. 스티브 안드레아스 외, 윤영화 역, 《NLP, 무한 성취의 법칙》, p. 136~137, 김영사, 2006년 2월

10. 스티브 안드레아스 외, 윤영화 역, 《NLP, 무한 성취의 법칙》, p. 137~139, 김영사, 2006년 2월

11. 앤서니 라빈스, 이우성 역, 《네 안에 잠든 거인을 깨워라》, p. 400~401, 씨앗을 뿌리는 사람, 2004년 1월

12. 짐 콜린스, 이무영 역, 《좋은 기업을 넘어 위대한 기업으로》, p. 144~149, 21세기북스, 2006년 3월

13. 강헌구, 《아들아 머뭇거리기에는 인생이 너무 짧다1》, p. 147, 한언, 2003년 11월

14. 강헌구, 《아들아 머뭇거리기에는 인생이 너무 짧다1》, p. 149~150, 한언, 2003년 11월

15. 피터 드러커, 이재규 역, 《프로페셔널의 조건》, p. 154~157, 청림출판, 2005년 7월

16. 카네기, 박상은 역, 《앤드류 카네기, 성공한 CEO에서 위대한 인간으로》, 소개 내용 중 일부 발췌, 21세기북스, 2005년 10월

*카네기의 자서전에 나폴레온 힐과 실제로 마주치는 장면은 없음. 카네기와의 대화는 국일미디어의 《놓치고 싶지 않은 나의 꿈 나의 인생 3 : 자기 가치를 높여주는 성공철학 17단계》에서 볼 수 있음. 상기 일화는 일부 가공 개작되어 필자가 꾸민 부분이 있음.

17. 지승룡 · 김영한, 《민들레영토 희망스토리》, 랜덤하우스중앙, 2005년 1월 (주)웹플랜 주최의 지승룡 소장 강연 내용 및 일부 개작

18. 〈오마이뉴스〉, 〈레이디경향〉 일부 발췌
김태연, 《성공에너지를 끌어내는 일곱 가지 비결》, 밀알출판, 2003년 5월
김태연, 《사람들은 나를 성공이라는 말로 표현한다》, 밀알출판, 2001년 2월

19. 〈동아일보〉, 〈경향신문〉 기사 일부 발췌

20. 커리어홈피, 커리어피플 코너, 조창선, 2005년 9월

21. MBC 도올 특강 〈우리는 누구인가〉, 2004년

    김용옥, 《삼봉 정도전의 건국철학》, 통나무, 2004년 1월

22. 마틴 루터 킹, 이순희 역, 《나에게는 꿈이 있습니다》, p. 289, 바다출판
    사, 2002년 3월

23. 제프리 영 · 윌리엄 사이먼, 임재서 역, 《iCon 스티브 잡스》, 민음사,
    2005년 8월

24. 앤서니 라빈스, 이우성 역, 《네 안에 잠든 거인을 깨워라》, p.
    400~401, 씨앗을 뿌리는 사람, 2004년 1월

25. 레이 크록, 김민기 역, 《맥도날드 쿠데타》, 일부 참조, 도서출판 책과
    길, 1992년 4월

26. 로버트 슬레이더, 김선희 역, 《트럼프의 성공방식》, 물푸레, 2005년 4월

27. 정주영, 《시련은 있어도 실패는 없다》, p. 120, 제삼기획, 1991년 11월

28. 무하마드 유누스 공저, 정재곤 역, 《가난한 사람들을 위한 은행가》, 세
    상사람들의책, 2002년 8월

29. 하드워 가드너, 송기동 역, 《통찰과 포용》, p. 568~569, 북스넛, 2007
    년 1월

지은이 **정철상**

지은이 정철상은 어릴 때는 너무 가난해서 버려진 버스에서 성장했고, 학교 다닐 때는 성적이 늘 중위권에 맴돌았던 장난꾸러기 학생이었다. 대학에서는 386세대로서 사회개혁을 해본답시고 학생운동에 빠지기도 했으며, 2학년이 되어서는 등록금이 없어서 직업군인으로 5년간 복무했다.

제대 후 공부한다고 했지만 졸업을 앞두고는 능력이 없어 300여 곳에서 입사 탈락했다. 그렇게 어렵게 취업한 첫 직장에서 IMF로 부서 전체가 구조조정을 당해 퇴사했다. 그후로도 무역, 엔지니어링, 해외영업, 기술영업, 인터넷 분야 등 이 직업 저 직업을 전전하며 돌아다녔다.

그렇게 대학시절 봉제공장에서의 아르바이트를 시작으로 지금까지 20여 가지 이상의 직업을 거치면서 사회생활에 제대로 발을 담그지 못하는 듯 보였다. 친구들로부터 "제발, 정신 좀 차리고 한 군데 좀 붙어 있어라"라고 비난을 들을 정도로 누가 봐도 굴곡 있는 삶을 살았다.

때로 수많은 출판사에서 출판 거절을 당하기도 했지만, 부족한 그가 이러한 글을 쓴다는 사실 자체가 놀랍기만 하다. 성적도 뒤떨어지고, 능력도 부족해 취업도 못 했던 그가 국내 최고의 대학을 졸업하고, 세계 최고의 대학을 졸업하고, 국내외 선망의 대상이 되는 직장인과 임원들을 대상으로 코칭과 컨설팅을 한다는 사실이 그저 놀랍기만 하다.

사실 작문이라고는 제대로 배워본 적도 없던 그가 수십여 군데에 칼럼을 게제하고 몇 권의 책까지 쓰고 있으니 주변에서 도저히 믿지 못하겠다는 말까지 나오는 것도 당연한 일이리라.

학교 다닐 때 산만해서 수업도 제대로 듣지 않고 장난만 치던 그가 하루한 권의 책을 읽으며 매달 30여 권 이상의 책을 읽는 독서광으로 변모하고, 다른 사람을 교육하는 것이 놀랍다. 대학 강단에서 교수로서 활동하며전국적으로 강연하고, 대기업에서 임원들까지 교육하고, 심지어 방송에서까지 강연한다는 것이 더욱 더 놀랍기만 하다는 것이 주변의 일관된 반응이다.

놀라운 사실을 하나 이야기하지면 그가 이룩한 것이 비록 자고 미약하나누구보다 평범했던 그가 비전을 품고 기록한 지 3년 만에 일궈낸 성취라는점이다. 그만큼 비전을 문서로 기록하는 것이 중요하다는 것을 보여주는하나의 모델이기도 하다.

사실 누구보다 부족한 그였기에 누구보다 비전의 필요성을 느끼고, 자기계발의 필요성을 느끼고, 위기의식으로 무장해 있었을 것이다. 그래서 자신의 부족한 부분을 계발하기 위한 성장전략이 누구보다 필요했을 것이다.

그 스스로 부족한 자신을 계발하고, 셀프 코칭하고, 변화를 시도하고, 탐구하고 적용해오면서 살아온 보통 사람들의 비전 모델이기 때문이다. 말하자면 그가 바로 우리 보통 사람들의 자기계발 모델인 셈이다. 그래서 그의이야기가 더욱 가슴에 와닿는다.

그의 소망처럼 죽는 날까지 사람들을 일깨우는 전문가로서 많은 활동을오랫동안 지속할 수 있기를 바란다.

내가 나에게 나를 과장되게 소개하며……

*마지막으로 잃어버렸던 내 꿈 중 하나를 실현하기 위해서 지창영 시인의 도움을 받아
시(詩) 한 수를 읊조리며 독자들과 작별인사를 고한다.

잃어버린 꿈을 찾아서

정철상

어린 날의 무지개 빛깔에는
저마다 오색찬란한 꿈이 어려 있었네

빨간 색에는 마음이 따뜻한 선생님
파란 빛에는 하늘을 나는 조종사 ……
설레는 가슴으로 손꼽아 기다리던
어른이 될 미래의 날들

어느덧 꿈꾸던 미래의 그날에 서 있네
회색 하늘과 고딕의 빌딩 숲
정신없이 달리던 삭막한 아스팔트 길에서
방향 잃고 맴돌다 추락하는 나비를 보았네

잊었던 무지개를 다시 찾아나서네
나의 꿈은 언제나 거기 있었네
다시금 설레는 가슴으로
이제는 놓치지 않을 오색의 그 꿈길
황금의 열쇠를 쥐고 힘차게 달려나가네

이 책을 쓰면서 품었던 '책에 대한 나의 비전'

1. 한 번 읽고도 다시 한 번 읽고 싶은 글을 쓴다.
2. 실제적으로 도움이 되는 내용으로 채운다.
3. 강력한 삶의 동기를 부여한다.
4. 삶의 긍정적인 변화를 불러온다.
5. 시간이 흘러도 변하지 않고 읽힐 책을 만든다.

과제 없는 비전은 꿈에 불과하며, 비전 없는 과제는 고역일 뿐이다.
그러나 과제와 결합된 비전은 실현된 꿈이다.
– 윌리 스톤, 《목표 달성의 기술》 중에서

독서 메모 2

인생에서 가장 위대한 목표는
지식이 아니라 행동이다.
– 토머스 헨리 헉슬리, 동물학자

중앙경제평론사
중 앙 생 활 사

Joongang Economy Publishing Co./Joongang Life Publishing Co.

중앙경제평론사는 오늘보다 나은 내일을 창조한다는 신념 아래 설립된 경제 · 경영서 전문 출판사로서 성공을 꿈꾸는 직장인, 경영인에게 전문지식과 자기계발의 지혜를 주는 책을 발간하고 있습니다.

비전에 생명력을 불어넣어라

초판 1쇄 발행 | 2007년 4월 27일
초판 3쇄 발행 | 2009년 4월 27일

지은이 | 정철상(Cheolsang Jung)
펴낸이 | 최점옥(Jeomog Choi)
펴낸곳 | 중앙경제평론사(Joongang Economy Publishing Co.)

대　표 | 김용주
편　집 | 한옥수 · 최진호
디자인 | 신경선 · 김선영
마케팅 | 김치성
관　리 | 이세희
인터넷 | 김회승

출력 | 국제피알　종이 | 서울지류유통　인쇄 · 제본 | 삼덕정판사

잘못된 책은 바꾸어 드립니다.
가격은 표지 뒷면에 있습니다.

ISBN 978-89-6054-018-7(03320)

등록 | 1991년 4월 10일 제2-1153호
주소 | ㉾100-789 서울시 중구 왕십리길 160(신당5동 171) 도로교통공단 신관 4층
전화 | (02)2253-4463(代)　팩스 | (02)2253-7988
홈페이지 | www.japub.co.kr 이메일 | japub@naver.com | japub21@empal.com
♣ 중앙경제평론사는 중앙생활사 · 중앙에듀북스와 자매회사입니다.

▶홈페이지에서 구입하시면 많은 혜택이 있습니다.

※ 이 도서의 국립중앙도서관 출판시도서목록(CIP)은 e-CIP 홈페이지(www.nl.go.kr/cip.php)에서
　이용하실 수 있습니다.(CIP제어번호: CIP2007001101)